NELSON MANDELA
MEINE WAFFE IST DAS WORT

NELSON MANDELA

MEINE WAFFE IST DAS WORT

Mit einem Vorwort von
Desmond Tutu

Kösel

Übersetzt von Elisabeth Liebl

The mark of responsible forestry

FSC
www.fsc.org   FSC® C017859

Verlagsgruppe Random House FSC® N001967
Das für dieses Buch verwendete FSC®-zertifizierte Papier
EOS liefert Salzer Papier, St. Pölten, Austria.

www.koesel.de

Die Feder kann uns die glücklichsten Momente
unseres Lebens zurück ins Gedächtnis rufen.
Sie öffnet hehren Idealen den Weg in unsere Hütte,
in unser Blut, unsere Seele. Sie kann Tragödien
in Hoffnung verwandeln, in Siege.

Aus einem Brief an Zindzi Mandela, geschrieben
auf Robben Island am 10. Februar 1980

INHALT

DIE ZUKUNFT

Das Buch, das Sie im Augenblick in Händen halten, ist so etwas wie ein Wunder. Die darin aufgezeichneten Worte nämlich wurden der Welt über vier Jahrzehnte lang vorenthalten. Von Dezember 1952, als Nelson Rolihlahla Mandela der Bannstrahl des Apartheid-Regimes traf, bis zu seiner glorreichen Freilassung im Februar 1990, war das Lesen und Zitieren seiner Schriften ein Verbrechen, das mit Gefängnis bestraft wurde. Und doch gelang es nicht, Mandela mundtot zu machen. Seine Worte gingen, wenn überhaupt, im Flüsterton von einem zum anderen. Sie wurden aus dem Gefängnis herausgeschmuggelt und von seinen Mitstreitern im Exil publiziert. Die Tatsache, dass Nelson Mandela heute zu den meistzitierten Menschen der Welt gehört, ist Ironie des Schicksals. Und gleichzeitig lebendiger Beweis dafür, dass die Wahrheit nicht zum Verstummen gebracht, der Weisheit nicht Einhalt geboten werden kann.

Die Worte, die Sie hier in diesem Buch finden werden, stammen von einem hochverehrten politischen Führer, der den Respekt der ganzen Welt besitzt, von einem der größten Menschen, die je auf Erden wandelten. Warum aber zittern den Menschen bei der Begegnung mit Nelson Mandela die Knie? Ist er doch kein Mächtiger im landläufigen Sinne! Er war nie Oberbefehlshaber einer großen Streitmacht. Was die Welt in ihm sieht, ist seine moralische Kraft. Wenn man die Leute fragt, wer in ihren Augen ein großer Mensch ist, fallen gewöhnlich nicht die Namen von Generälen.

ERZBISCHOF DESMOND TUTU

Tief in uns, an einem Ort, auf den unser Blick in unseren besten Momenten fällt, wissen wir, dass Güte, Rechtschaffenheit und Mut bewundernswerte Eigenschaften sind, die wir gerne besitzen würden. Ist es nicht verwunderlich, dass wir erfolgreiche Geschäftsleute zwar beneiden und sogar respektieren, sie aber nie lieben? Was aber geschieht, wenn die Welt sich Menschen wie Gandhi, Mutter Teresa oder Nelson Mandela gegenübersieht? Dann geht ein Ruck durch uns und wir bewundern sie. Wir verehren, ja wir lieben sie. Wir erkennen ihre tiefinnere Güte und wollen ihr nacheifern. Wir tragen ihre Worte in unserem Herzen und wollen danach leben.

In diesem Buch sind inspirierende Worte dieses großen Mannes zusammengetragen, die Generationen überdauern werden. Nicht die flüchtigen Versprechungen des Politikers, sondern die ehernen Worte des Staatsmanns. Nicht die Parolen eines Freiheitskämpfers, sondern die zeitlosen Worte eines Vorkämpfers für die Menschheit. Hier treten uns all die Menschlichkeit, der Humor und die Hoffnung entgegen, die es ihm ermöglichten, siebenundzwanzig Jahre im Gefängnis zu überstehen und als geläuterter Mensch aus seinen Toren zu treten. Sie werden einen Menschen kennenlernen, der im Gefängnis jede Minute seiner Zeit dazu nutzte, sich und seine Kameraden zu besseren Menschen zu machen, damit sie für ihre Aufgaben als künftige Führungskräfte bereit sein würden. Sie werden einem Menschen begegnen, der größer ist als die Legenden, die sich während seiner Abwesenheit um ihn gerankt hatten: Er vergab seinen Wärtern, war großzügig gegenüber seinen früheren Feinden, strebte nach Versöhnung für sein Volk und gab am Ende ohne zu zögern die Macht wieder aus den Händen.

Viele dieser Zitate werden hier zum ersten Mal veröffentlicht, weil sie aus Briefen stammen, die er aus dem Gefängnis an seine Frau, seine Kinder und seine Freunde schrieb. Oder aus einem unveröffentlichten autobiografischen Manuskript, das er auf der Gefängnisinsel Robben Island verfasste. Und Sie werden auf so manches seiner bekannten Zitate stoßen.

Sogar heute, wo so viele seiner Aussprüche im Internet kursieren – mitunter falsch zitiert – hat es einen ganz eigenen Reiz, sich in einer ruhigen Minute hinzusetzen und das, was er uns zu sagen hat, durchzulesen. Das ist wie eine Begegnung mit einem geachteten Stammesältesten der ganzen Menschheit, der uns an seiner Weisheit teilhaben lässt. Als würden wir uns niederlassen, um mit diesem Mann eine Tasse des in Südafrika so beliebten Rooibos-Tees zu trinken.

Nelson Mandela lernte die Macht der Worte im Gefängnis kennen. Seine treffenden Bemerkungen, seine hochgeschätzten Briefe und seine von Kampfgenossen unter Lebensgefahr aus dem Gefängnis geschmuggelten Aufrufe haben ihm geholfen, seinen Geist aus dem Kerker zu befreien. Denn es gibt eine andere Art von Gefängnis, deren wir uns meist gar nicht bewusst sind und die mehr mit Zeitlichkeit zu tun hat. Es ist unsere eigene Sterblichkeit. Diese Sammlung beeindruckender Zitate ist dazu gedacht, das Gefängnis des Todes zu überwinden. Sie soll künftigen Generationen ermöglichen, sich von seinem mutigen Beispiel inspirieren zu lassen, damit auch sie sich für Freiheit und Gerechtigkeit und Demokratie für alle einsetzen. Und so ist dies Mandelas Testament für die Zukunft. Lesen Sie es, einmal, noch einmal und immer wieder. Und leben Sie nach dem, was hier geschrieben steht. Der Ruf der Geschichte erreicht uns alle, auf unsere ureigenste Weise und zu dem Zeitpunkt, da wir ihn zu hören imstande und bereit sind. Wir alle sind zur Größe fähig, und die Welt braucht die Ihre.

Cape Town, Südafrika,
Desmond Tutu

Es war noch nie meine Art, Worte leichtfertig
zu verwenden. Wenn siebenundzwanzig Jahre im
Gefängnis uns eines gelehrt haben, dann dies:
Die Stille der Einsamkeit hat uns gezeigt, wie
kostbar des Menschen Worte sind und wie wirklich,
weil sie Einfluss darauf haben, wie Menschen leben
und sterben.

Schlussrede bei der XIII. Internationalen AIDS-Konferenz
im südafrikanischen Durban am 14. Juli 2000

Mandela zitiert hier Jawarhalal Nehru. Aus einer Rede,
die Mandela als ANC-Präsident beim Transvaal Congress hielt
und die später als die »No Easy Way to Freedom«-Rede
bekannt werden sollte. Transvaal, Südafrika, 21. September 1953

DER KAMPF

Ihr seht, dass es »keinen einfachen
Weg zur Freiheit« gibt, nirgendwo.
Viele von uns werden viele Male
durch das Schattental des Todes
gehen, ehe wir auf dem Gipfel
unserer Wünsche anlangen.

AUF WESSEN SCHULTERN

Wir sollten jene nicht vergessen, auf deren Schultern
wir stehen und die den höchsten Preis für die Freiheit
bezahlt haben.

Zur Verleihung der Ehrenbürgerschaft von
Howick am 12. Dezember 1996

Alles, was ich erreicht habe, habe ich nur deshalb
erreicht, weil ich ein Produkt des südafrikanischen
Volkes bin.

Letzte Sitzung des ersten demokratisch gewählten Parlaments
im südafrikanischen Cape Town am 26. März 1999

WIR STEHEN

Wir stammen von einem Volk ab, das, weil es nicht länger hinnehmen wollte, dass es als niedrigere Klasse Mensch galt, der ganzen Menschheit ihre Würde zurückgab.

Aus einer Rede vor dem kanadischen Parlament in Ottawa am 18. Juni 1990

WENN ICH MEIN LEBEN NOCH

Ich habe mich oft gefragt, ob man es rechtfertigen kann, die eigene Familie zu vernachlässigen, um für die Rechte anderer zu kämpfen.

Aus einem unveröffentlichten autobiografischen Manuskript,
geschrieben auf Robben Island 1975

Wenn ich mein Leben noch einmal leben könnte, würde ich wieder alles ganz genauso machen. Und das würde wohl jeder Mensch sagen, der sich selbst als Mensch bezeichnen möchte.

Rede vor Gericht, mit der Mandela nach der gerichtlichen
Verurteilung wegen Aufrufs zum Streik und illegalen
Auslandsaufenthaltes eine Herabsetzung des Strafmaßes
forderte, Apartheid-Gerichtshof in der Old Synagogue
in Pretoria am 7. November 1962

Es gibt viele Dinge, die einen belasten, wenn die eigenen Kinder in Ihrer Abwesenheit aufwachsen.

Aus dem Dokumentarfilm Mandela:
The Living Legend, 2003

EINMAL LEBEN KÖNNTE

Im Gefängnis hatte ich immer wieder diesen Traum:
Ich konnte endlich nach Hause und ging zu Fuß mitten
durch die Stadt bis nach Soweto. Als ich zu Hause an-
kam, fand ich das Haus offen stehen und leer. Niemand
war da, also machte ich mir Sorgen, was wohl aus
Winnie und den Kindern geworden war.

Aus einem Dokumentarfilm der BBC, 1996

Mir war selbst nicht klar, welche Konsequenzen das
Leben haben würde, für das ich mich entschieden hatte.

Aus einem Interview, vermutlich um 1993

WOFÜR ICH STAND

Das Gesetz hat mich zum Kriminellen gemacht,
nicht um meiner Taten willen, sondern um all dessen,
wofür ich stand, was ich dachte und wozu mein
Gewissen mich zwang.

Rede vor Gericht während des Prozesses wegen illegalen
Auslandsaufenthaltes und Aufrufs zum Streik vor dem
Apartheid-Gerichtshof in der Old Synagogue
in Pretoria, am 7. November 1962

Ich kann nur sagen: Ich fühlte mich moralisch
verpflichtet zu tun, was ich tat.

Rede vor Gericht beim Rivonia-Prozess im Justizpalast
von Pretoria am 20. April 1964

Es wäre unmoralisch gewesen, schweigend zuzusehen,
wie eine rassistische Gewaltherrschaft versuchte,
ein ganzes Volk auf einen Status zu reduzieren,
der schlechter war als der eines wilden Tieres im
Dschungel.

Aus einer Rede vor den beiden Häusern des US-Parlaments
in Washington am 26. Juni 1990

Ich werde für alle Menschen mit Gewissen ein Mahnmal
sein, weil ich sie daran erinnere, wie lang es gedauert
hat, bevor sie sich erhoben und sagten: Es ist jetzt genug!

Aus einer Rede vor dem Apartheid-Komitee der Vereinten
Nationen in New York am 22. Juni 1990

FEINDE DES RASSISMUS

Ich möchte eines klarstellen: Ich bin kein Rassist und ich verabscheue Rassenvorurteile, weil ich sie für barbarisch halte, ob sie nun von einem Schwarzen kommen oder einem Weißen.

Antrag auf Ablehnung des Richters W. A. Van Helsdingen wegen Befangenheit vor dem Apartheid-Gericht in der Old Synagogue im südafrikanischen Pretoria am 22. Oktober 1962

Wir vom ANC haben uns immer für eine nicht-rassistische Demokratie eingesetzt. Wir schreckten vor jeder Aktion zurück, die einen noch tieferen Keil zwischen die Rassen trieb. Doch die Fakten lagen klar auf der Hand: Fünfzig Jahre Gewaltlosigkeit hatten den Afrikanern nichts gebracht – außer einer immer repressiveren Gesetzgebung und immer weniger Rechten.

Rede vor Gericht beim Rivonia-Prozess im Justizpalast von Pretoria am 20. April 1964

Ich verabscheue die Herrschaft der Weißen und
werde sie mit allen Mitteln bekämpfen, die mir zur
Verfügung stehen.

*Aus einem Brief an General Du Preez, Hochkommissar für die
Gefängnisse Südafrikas, geschrieben auf Robben Island
am 12. Juli 1976*

Wissenschaft und Erfahrung haben gezeigt, dass
keine Rasse einer anderen wesensmäßig überlegen ist.
Dieser Mythos hat sich schnellstens in Luft aufgelöst,
wann immer Weißen und Schwarzen gleiche Chancen
und Möglichkeiten zu Gebote standen.

*Aus einem Essay mit dem Titel »Whither the Black Consciousness
Movement« (Wohin steuert die Black-Consciousness-Bewegung),
geschrieben auf Robben Island 1978*

Wir sind gegen jede Form von Rassismus und
Unterdrückung.

*Nationale Konferenz des ANC zum strategischen Wiederaufbau
Südafrikas am 21. Januar 1994*

SCHLUSS MIT DEM DENKEN

Wir befreien uns nun von einem System, das unsere gemeinsame Menschlichkeit beleidigte, indem es uns in Rassen einteilte, uns voneinander trennte und uns zu Unterdrückern und Unterdrückten machte.

Nach Erhalt des Berichts der Wahrheitskommission (Truth and Reconciliation Commission), Pretoria, am 29. Oktober 1998

Wir schlachten uns hin mit Worten und Gesten. Wir metzeln uns nieder mit dem Misstrauen und den Klischeevorstellungen, die wir im Kopf mit uns herumtragen. Wir töten uns mit den hasserfüllten Worten, die von unseren Lippen kommen.

Rede zur Lage der Nation vor dem südafrikanischen Parlament in Cape Town am 5. Februar 1999

IN HAUTFARBEN

Wir kämpfen für eine Gesellschaft, in der Menschen nicht mehr in Hautfarben denken.

Aus einem Gespräch mit seinem Biografen Richard Stengel
am 8. März 1993

Wenn wir aus unserem Kampf gegen den Rassismus etwas lernen können, sei es nun für Ihr Land oder für unseres, dann ist es, dass man ihn bewusst bekämpfen muss und nicht einfach übersehen darf.

Rede zur Verleihung der Ehrendoktorwürde an der Clark
Atlanta University in den USA am 10. Juli 1993

Die Unterdrückung abzuschütteln ist eine der edelsten
Aufgaben der Menschheit, das Höchste, was sich ein
freier Mensch erhoffen kann.

Aus einer Rede als ANC-Präsident beim Transvaal Congress,
die später als die »No Easy Way to Freedom«-Rede bekannt
werden sollte. Transvaal, Südafrika, 21. September 1953

Eine neue Welt wird nicht von jenen geschaffen, die am
Rande stehen und mit verschränkten Armen zusehen,
sondern von Menschen, die mitten in der Arena stehen,
deren Gewand die Stürme zerfetzen und deren Leiber
im Laufe des Kampfes verwundet werden.

Aus einem Brief an Winnie Mandela, geschrieben auf
Robben Island am 23. Juni 1969

FREIHEITSKÄMPFER

Die Kampagne befreite mich von jedem Zweifel oder
Unterlegenheitsgefühl, das ich etwa noch gehegt haben
mochte. Sie befreite mich vom Gefühl der Ohnmacht
gegenüber der scheinbaren Unbesiegbarkeit des weißen
Mannes und seiner Institutionen. Nun hatte der weiße
Mann die Kraft meiner Schläge verspürt und ich konnte
wieder aufrecht gehen wie ein Mann und jedem mit der
Würde in die Augen sehen, die einem daraus erwächst,
wenn man Angst und Unterdrückung nicht nachgibt.
Ich war als Freiheitskämpfer endlich erwachsen geworden.

Aus Long Walk to Freedom, 1994

Eine Verbannung verweist einen nicht nur körperlich
seines Landes, sie legt gleichermaßen den Geist in Ketten.
Sie ruft eine Art seelischer Klaustrophobie hervor,
die einen nicht nur Sehnsucht nach ungehinderter
Bewegung empfinden lässt, sondern auch das heftige
Verlangen nach spirituellem Entrinnen.

Aus Long Walk to Freedom, 1994

ICH HABE SABOTAGEAKTE

Alle rechtmäßigen Wege, unsere Opposition diesem System gegenüber auszudrücken, waren uns von Gesetzes wegen verwehrt. Entweder akzeptierten wir unsere Unterlegenheit als unveränderlich oder wir wandten uns gegen die Regierung. Wir beschlossen, dem Gesetz die Stirn zu bieten.

Rede vor Gericht beim Rivonia-Prozess im Justizpalast
von Pretoria am 20. April 1964

Ich betrachte mich selbst weder moralisch noch von Rechts wegen verpflichtet, Gesetzen zu gehorchen, die von einem Parlament beschlossen wurden, in dem ich keine Vertretung habe.

Antrag auf Ablehnung des Richters W. A. Van Helsdingen wegen
Befangenheit vor dem Apartheid-Gericht in der Old Synagogue
im südafrikanischen Pretoria am 22. Oktober 1962

GEPLANT

Ich bestreite jedoch nicht, dass ich Sabotageakte geplant
habe. Ich habe dies aber nicht aus einer Lust an Gewalt
und Zerstörung heraus getan. Diese Pläne waren das
Resultat einer ruhigen und nüchternen Einschätzung
der politischen Situation, die sich nach vielen Jahren
der Tyrannei, Ausbeutung und Unterdrückung meines
Volkes durch die Weißen eingestellt hatte.

Rede vor Gericht beim Rivonia-Prozess im Justizpalast
von Pretoria am 20. April 1964

Wenn einem Menschen das Recht verweigert wird,
ein Leben zu führen, an das er glauben kann, hat er
keine andere Wahl: Er muss zum Gesetzlosen werden.

Unbekannte Quelle, 1994

WENN ICH STERBEN MUSS

Wenn ich sterben muss, dann will ich hier vor aller Welt
erklären, dass ich meinem Schicksal entgegentreten
werde wie ein Mensch.

*Aus einer Notiz, die er nur wenige Stunden vor der
Urteilsverkündung im Rivonia-Prozess verfasste,
Pretoria am 12. Juni 1964*

Ich hatte mich auf die Todesstrafe gefasst gemacht.
Wenn man sich auf etwas einstellt, muss man tatsächlich
damit rechnen. Man kann nicht auf etwas gefasst sein,
wenn man innerlich nicht glaubt, dass es eintreten wird.
Wir waren alle darauf gefasst. Nicht weil wir so tapfer
gewesen wären, sondern einfach, weil wir realistisch
waren.

Aus Long Walk to Freedom, 1994

Der Tod ist ein schreckliches Unglück, ganz egal,
was die Ursache sein mag und wie alt der oder die
Betreffende ist.

Aus einem Brief an Irene Buthelezi, als Mandela die Nachricht
vom Tod seines Sohnes Thembi erhielt; geschrieben im
Victor-Verster-Gefängnis im südafrikanischen Paarl
am 3. August 1969

Der Tod ist unvermeidlich. Wenn ein Mann getan hat,
was er als seine Pflicht gegenüber seinem Volk und
seinem Land erachtet, kann er in Frieden ruhen. Ich
glaube, ich habe diese Anstrengung auf mich genommen,
daher kann ich auch in alle Ewigkeit schlafen.

Aus dem Dokumentarfilm Mandela, 1996

MUT WAR NICHT DIE

Die Menschheit ehrt mutige und aufrechte Menschen seit Anbeginn der Zeit.

Aus einem Brief an Winnie Mandela, geschrieben auf
Robben Island am 23. Juni 1969

Ich lernte, dass Mut nicht die Abwesenheit von Furcht, sondern deren Überwindung ist. Ich habe öfter Furcht empfunden, als ich mich erinnern kann, doch ich verbarg sie stets hinter einer Maske der Tapferkeit. Der tapfere Mann ist nicht der, der keine Furcht kennt, sondern derjenige, der sie besiegt.

Aus Long Walk to Freedom, 1994

ABWESENHEIT VON FURCHT

Ich kann so tun, als wäre ich tapfer, wissen Sie.
Als könnte ich es mit der ganzen Welt aufnehmen.

Aus einem Gespräch mit seinem Biografen Richard Stengel
am 18. März 1993

Ich hatte mutige Mitstreiter. Oft erschienen sie mir
mutiger als ich selbst. Ich möchte, dass dies nicht
der Vergessenheit anheimfällt.

Aus einem Gespräch mit Ahmed Kathrada, etwa 1993/1994

ICH KONNTE MICH NICHT EINFACH

Der Realist, wie schockiert und enttäuscht er von den Schwächen seiner Lieben auch sein mag, wird menschliches Verhalten immer objektiv betrachten. Er wird sich auf jene Eigenschaften in einem Menschen konzentrieren, die die Seele erheben [und] die Liebe zum Leben fördern.

Aus einem Brief an Winnie Mandela, geschrieben auf Robben Island am 9. Dezember 1979

Ich bin grundsätzlich Optimist. Ob das nun angeboren ist oder eine Frage der Erziehung – wer weiß? Ein Optimist jedenfalls reckt immer das Gesicht der Sonne entgegen und geht stets vorwärts.

Aus Long Walk to Freedom, 1994

DER VERZWEIFLUNG ÜBERLASSEN

Es gab viele dunkle Augenblicke, in denen mein Glaube
an die Menschheit auf eine harte Probe gestellt wurde.
Doch ich wollte und konnte mich nicht einfach so der
Verzweiflung überlassen. Dieser Weg führte ja doch nur
in Niederlage und Tod.

Aus Long Walk to Freedom, 1994

ALS WIR BESCHLOSSEN,

Erst als alle anderen Mittel versagt hatten, als uns alle
Möglichkeiten friedlichen Protests genommen worden
waren, erst da fiel die Entscheidung für gewaltsame
Formen des politischen Kampfes.

Rede vor Gericht beim Rivonia-Prozess im Justizpalast
von Pretoria am 20. April 1964

Als wir den bewaffneten Kampf aufnahmen, taten wir
dies nur, weil die einzige andere Alternative Kapitulation
und Sklaverei gewesen wäre.

48. Nationale Konferenz des ANC im südafrikanischen Durban
am 2. Juli 1991

Wenn wir friedliche Wege der Kommunikation
gefunden hätten, hätten wir nie zum Mittel der
Gewalt gegriffen.

In seinem Haus im südafrikanischen Soweto im Februar 1990

ZU DEN WAFFEN ZU GREIFEN

Wir hatten keinerlei Hoffnung, den Feind auf dem
Schlachtfeld zu schlagen, doch wir kämpften trotzdem,
um die Idee der Befreiung am Leben zu erhalten.

Aus einem Gespräch mit seinem Biografen Richard Stengel
am 13. Januar 1993

Menschen, die seit Jahrhunderten unterdrückt worden waren, kämpften mit friedlichen Mitteln um ihr
Geburtsrecht, soweit dies möglich war, und setzten
Gewalt nur dort ein, wo die Wege des Friedens
blockiert waren.

Aus einer Denkschrift an Präsident P. W. Botha, geschrieben im
Victor-Verster-Gefängnis im südafrikanischen Paarl im Juli 1989

DIE MÄCHTIGSTE WAFFE IST

Die mächtigste Waffe ist nicht die Gewalt,
sondern der Dialog.

Aus einem Interview mit der BBC am 28. Oktober 1993

Gewaltlosigkeit war für mich kein moralisches Prinzip,
sondern Taktik. Es ist nicht moralisch, eine unwirksame
Waffe einzusetzen.

Aus Long Walk to Freedom, 1994

Wir müssen ständig gegen die primitive Tendenz
ankämpfen, Waffen zu glorifizieren und Gewalt zu
verherrlichen. Beides entsteht aus der Illusion, dass man
Ungerechtigkeit aufrechterhalten kann, wenn man
die Macht hat zu töten, und dass Konflikte am besten
gewaltsam gelöst werden.

*Aus einer Rede vor der 53. Generalversammlung der
Vereinten Nationen in New York am 21. September 1998*

NICHT DIE GEWALT

In einer von Gewalt und Kampf zerrissenen Welt liegt der Schlüssel zum Überleben im 21. Jahrhundert in Gandhis Botschaft vom Frieden und der Gewaltlosigkeit. Er glaubte zurecht, dass die seelische Kraft des Satyagraha es mit der brutalen Gewalt der Unterdrücker aufnehmen konnte. Und tatsächlich brachte sie die Unterdrücker dazu, eine moralisch richtige Sicht der Dinge einzunehmen.

Aus einer Videobotschaft an die Satyagraha Centenary
Conference in Neu-Delhi vom 29. bis 30. Januar 2007

Freiheit hat einen Sinn: Dieselbe Freiheit auch für
andere zu schaffen.

Aus seinem Tischkalender im Gefängnis,
geschrieben auf Robben Island am 2. Juni 1979

Freiheit heißt nicht bloß: nicht im Gefängnis sitzen.
Es verhält sich damit ähnlich wie mit dem Frieden,
der schließlich auch nicht nur die Abwesenheit von
Krieg meint.

Aus einem Interview mit Lorie Karnath, April 2004

Ein wahrer Führer muss bereit sein, alles für die Freiheit
seines Volkes zu opfern.

Bei den Feiern zum hundertsten Geburtstag von Albert John
Luthuli im südafrikanischen KwaDukuza am 25. April 1998

SELBSTVERSTÄNDLICH

Nichts kann die Entwicklung der Menschheit hin zu immer größerer Freiheit aufhalten. Die Stimme eines Einzelnen kann durch den Tod, durch Kerker und Verbannung zum Verstummen gebracht werden, doch der Hunger, der die Menschen zur Freiheit treibt, wird nie enden.

Aus einer Rede vor dem Parlament der Republik Irland in Dublin am 2. Juli 1990

Freiheit ist nie selbstverständlich. Jede Generation muss sie bewahren und mehren. Ihre Eltern, Ihre Vorfahren haben viel geopfert dafür, dass Sie Ihre Freiheit genießen können, ohne zu leiden, wie sie es taten. Nutzen Sie dieses kostbare Recht, um sicherzustellen, dass die dunklen Zeiten der Vergangenheit nie mehr zurückkehren.

Aus einer Rede zur Eröffnung der Budgetdebatte vor dem südafrikanischen Parlament in Cape Town am 2. März 1999

Wir wollen keine Freiheit ohne Brot, noch wollen wir
Brot ohne Freiheit.

*Rede zur Verleihung der Ehrendoktorwürde an der Clark
Atlanta University in den USA am 10. Juli 1993*

Zu viele Menschen sind gestorben, seit ich ins Gefängnis
musste. Zu viele haben um der Liebe zur Freiheit willen
gelitten.

*Aus seiner Antwort auf das Angebot der Freilassung
auf Bewährung, gelesen von Zindzi Mandela
bei einer Versammlung im Jabulani Stadion
im südafrikanischen Soweto am 10. Februar 1985*

FREIHEIT WILLEN

Ich schätze meine Freiheit sehr, aber die eure liegt mir
noch mehr am Herzen.

Aus seiner Antwort auf das Angebot der Freilassung
auf Bewährung, gelesen von Zindzi Mandela
bei einer Versammlung im Jabulani Stadion
im südafrikanischen Soweto am 10. Februar 1985

Die Verhaftung erfolgte auf sehr höfliche,
fast zuvorkommende Weise.

Beim Besuch in Howick am 15. November 1993, wo Mandela am
5. August 1962 verhaftet worden war

Die Welt um mich herum brach buchstäblich
zusammen. Ich hatte kein Einkommen mehr
und viele Verpflichtungen konnten nicht mehr
erfüllt werden.

Aus einem Brief an Zindzi Mandela über die 1956 erfolgte
Verhaftung wegen Verrats, geschrieben auf Robben Island
am 1. März 1981

DAS GEFÄNGNIS NIMMT

Wir wurden grob, ja brutal behandelt. Viele Gefangene erlitten dadurch dauerhaften körperlichen und geistigen Schaden.

Aus einem Brief an Präsident P. W. Botha, geschrieben im Pollsmoor-Gefängnis in Cape Town am 13. Februar 1985

Das Gefängnis nimmt dir nicht nur die Freiheit. Es versucht, dir deine Identität zu rauben.

Aus Long Walk to Freedom, 1994

Im Gefängnis allein zu sein ist schwierig. Man sollte das gar nicht erst versuchen.

Aus einem Gespräch mit seinem Biografen Richard Stengel vom 6. April 1993

DIR NICHT NUR DIE FREIHEIT

Um seiner Überzeugungen willen ins Gefängnis zu
gehen und bereit zu sein, dafür zu leiden, ist wohl der
Mühe wert. Es ist eine unglaubliche Leistung, wenn
ein Mensch seine Pflicht auf Erden erfüllt, was auch
immer die Folgen sein mögen.

Aus einem Interview mit Scott McLeod vom Time Magazine im
südafrikanischen Soweto am 26. Februar 1990

Manchmal fühle ich mich, als stünde ich im Abseits,
als hätte ich das ganze Leben verpasst.

Brief an Winnie Mandela, geschrieben auf Robben Island
am 21. Januar 1979

SIE WOLLTEN UNSEREN

Die Behörden und das Gefängnis arbeiten Hand in
Hand. Sie versuchen, jedem Menschen dort drinnen
seine Würde zu nehmen. Genau das machte es mir
möglich zu überleben, denn jeder Mensch, jede Institu-
tion, die versucht, mir meine Würde zu nehmen, wird
am Ende den Kürzeren ziehen, denn ich werde sie nie
und nimmer aufgeben – um keinen Preis der Welt.

Aus Long Walk to Freedom, 1994

Ich habe nie einen Menschen als mir durch Geburt überlegen betrachtet, weder im Gefängnis noch außerhalb.

Aus einem Brief an General Du Preez, Hochkommissar für die
Gefängnisse Südafrikas, geschrieben auf Robben Island
am 12. Juli 1976

Ich bin davon überzeugt, dass die Art und Weise,
wie man Sie im Gefängnis behandelt, ganz von Ihrem
Auftreten dort abhängt. Diesen Kampf müssen Sie
am ersten Tag ausfechten und gewinnen.

Aus einem Dokumentarfilm der BBC, 1996

GEIST BRECHEN

Ich kann mich nicht erinnern, je die Kontrolle über mich
verloren zu haben. In dieser Situation kann man letztend-
lich nur überleben, wenn man ruhig und überlegt handelt.

Zuhause in Soweto am 14. Februar 1990

Er hatte dafür gesorgt, dass ich die Kontrolle über mich
verlor. Ich sah dies als Niederlage, die meinem Gegner in
die Hände spielte.

Über einen Gefängniswärter, aus Long Walk to Freedom, 1994

Sie wollten unseren Geist brechen, also sangen wir
von der Freiheit, wenn wir uns bei der Arbeit sahen,
und jeder fühlte sich von Neuem inspiriert.

Aus einem Gespräch mit seinem Biografen Richard Stengel
vom 8. Dezember 1992

Da waren ein paar Jungs, die ganz gut singen konnten.
Ich gehörte nicht dazu, aber ich sang trotzdem gerne.

Aus einem Gespräch mit seinem Biografen Richard Stengel
vom 14. Dezember 1992

Nur mein Fleisch und meine Gebeine sind hinter diesen hohen Mauern eingeschlossen. Ansonsten aber bin ich Kosmopolit geblieben. In meinen Gedanken bin ich frei wie ein Falke.

Aus einem Brief an Senator Douglas Lukhele, geschrieben auf Robben Island am 1. August 1970

Das Gefängnis war ein Prüfstein für den Charakter jedes Mannes. Manche Männer bewiesen unter dem Druck des Eingesperrtseins echte Standhaftigkeit, andere zeigten sich als weniger stark, als man gedacht hätte.

Aus Long Way to Freedom, 1994

Menschen haben die Fähigkeit, sich letztlich an alles anpassen zu können.

Aus dem Dokumentarfilm Legends: Nelson Mandela, 2005

EINE ART PRÜFSTEIN

Das Gefängnis ist eine Erziehungsanstalt, die einen
Geduld und Standhaftigkeit lehrt. Letztlich ist es der
Prüfstein für das eigene Engagement. Wer durch diese
Schule gegangen ist, hat eine gewisse Stärke entwickelt,
eine ganz außergewöhnliche Widerstandsfähigkeit.

Bei einem erneuten Besuch auf Robben Island
am 11. Februar 1994

Die Zelle ist ein idealer Ort, um sich selbst kennenzulernen, auf regelmäßige und klare Weise den eigenen
Geist, die eigenen Gefühle zu erforschen.

Aus einem Brief an Winnie Mandela, die damals im
Kroonstad-Gefängnis saß, geschrieben auf Robben Island
am 1. Februar 1975

Dass wir da einfach alleine dasitzen und nachdenken
konnten, schenkte uns die Möglichkeit, uns zu ändern.

Aus einem Dokumentarfilm der BBC, 1996

VOM BRIEFESCHREIBEN

Wenn eine Autobiografie heimlich im Gefängnis geschrieben wird, ist größte Vorsicht nötig. Man ist dort
umgeben von politischen Genossen, die selbst unter
dem Druck und der Spannung des Gefängnislebens
leiden und die in täglichem Kontakt mit Offizieren
stehen, denen es Spaß macht, politische Gefangene
zu verfolgen.

Aus einem unveröffentlichten autobiografischen Manuskript,
geschrieben auf Robben Island 1975

Das Schreiben ist ein angesehenes Handwerk, das einen
direkt in den Mittelpunkt der Welt stellt. Um dort an
der Spitze zu bleiben, muss man richtig hart arbeiten.
Man muss ein gutes, originelles Thema wählen und
dann nach Einfachheit im Ausdruck streben und nach
dem einen Wort, das nicht durch ein besseres ersetzt
werden kann.

Brief an Zindzi Mandela, geschrieben auf Robben Island
am 4. September 1977

IM GEFÄNGNIS

Einen Brief im Gefängnis zu schreiben kann eine frustrierende Erfahrung sein, die einen allerhand kostet. Manche Briefe werden in die Gefängniszentrale nach Pretoria geschickt, wo sie erst »abgesegnet« werden müssen. Dieser Prozess dauert elend lange, manchmal Monate. Wenn man dann nach schier endlosem Warten eine Antwort erhält, ist es normalerweise ein kurzes »nicht genehmigt«. Im Allgemeinen werden für diese Entscheidung keine Gründe genannt.

Aus einem Brief an Professor Samuel Dash, geschrieben im Pollsmoor-Gefängnis im südafrikanischen Cape Town am 12. Mai 1986

DAS FALSCHE BILD

Ich hatte mir vorgenommen, die Mängel Südafrikas
beseitigen zu helfen, dabei aber vergessen, dass der erste
Schritt dahin war, die Schwächen jenes Südafrikaners
zu überwinden, den ich am besten kannte: mich selbst.

Aus einem unveröffentlichten autobiografischen Manuskript,
geschrieben auf Robben Island 1975

Eine Sache, die mir im Gefängnis wirklich Sorgen bereitete, war das falsche Bild, das – von mir unbeabsichtigt –
in der Außenwelt entstand: Ich wurde mehr und mehr
als Heiliger betrachtet. Das war ich nie, nicht einmal,
wenn man eine sehr irdische Sicht der Dinge zugrunde
legt: der Heilige als Sünder, der sein Bestes versucht.

Aus der unveröffentlichten Fortsetzung
seiner Autobiografie, ca. 1998

Die Menschen erwarten von mir Dinge, die meine
Fähigkeiten weit übersteigen.

Aus einem Interview mit John Battersby im südafrikanischen
Johannesburg, erschienen im Christian Science Monitor
am 10. Februar 2000

Es ist überhaupt nicht angemessen, ein menschliches
Wesen quasi zu vergöttlichen.

Zuhause in Soweto im Februar 1990

Wenn ich auf einige meiner frühen Schriften und Reden
zurückblicke, bin ich entsetzt, wie pedantisch, künstlich
und wenig originell sie wirken. Überall ist der Wunsch
spürbar, andere zu beeindrucken.

Aus einem Brief an Winnie Mandela, geschrieben auf
Robben Island am 20. Juni 1970

Ich glaube manchmal, die Schöpfung wollte an mir
ein Exempel statuieren und der Welt zeigen, wie ein
absoluter Durchschnittstyp auszusehen hat.

Aus einem Brief an Fatima Meer, geschrieben auf
Robben Island am 1. März 1971

Mein Hauptproblem, seit ich unser Haus verlassen habe, ist, dass Du nicht mehr neben mir schläfst und ich nicht mehr neben Dir aufwache. Dass der Tag vergeht, ohne dass ich Dich gesehen oder Deine Stimme gehört habe. Die Briefe, die ich Dir schreibe und die Du mir schickst, sind Balsam auf den Wunden unserer Trennung.

Aus einem Brief an Winnie Mandela, geschrieben auf
Robben Island am 26. Oktober 1976

Es war eine nützliche Erfahrung für mich zu sehen, wie mächtige Organisationen und hochgestellte Figuren jedweder Couleur sich zusammentaten, um eine faktisch verwitwete Frau kaputtzumachen. Wie man so tief sinken kann, mir Gerüchte nahebringen zu wollen, die das klare Bild meines besten Freundes auf Erden beschmutzen sollen, ist mir ein absolutes Rätsel.

Aus einem Brief an Winnie Mandela, geschrieben auf
Robben Island am 19. August 1976

VERWITWETE FRAU

Zu erfahren, dass meine Frau von der Polizei belästigt
und verfolgt wurde, ja, dass es zu Übergriffen kam und
ich nicht da war, um sie zu schützen – das war ein sehr
schwerer Moment für mich.

Aus einem Gespräch mit seinem Biografen Richard Stengel
am 9. März 1993

Ich persönlich werde das Leben, das die Genossin
Nomzamo [Winnie Mandela] und ich zu führen
versucht haben, niemals bereuen. Das Schicksal,
das zu beeinflussen nicht in unserer Macht stand,
hat es anders gewollt. Ich trenne mich von meiner Frau
ohne Schuldzuweisungen. Ich umarme sie mit aller
Liebe und Zuneigung, die ich – im Gefängnis und
außerhalb – für sie empfunden habe, seit ich sie zum
ersten Mal sah.

Bei der Ankündigung der Trennung von Winnie Mandela,
Johannesburg, den 13. April 1992

UNTERDRÜCKER UND

Mir war immer klar, dass Unterdrücker und Unterdrückte gleichermaßen befreit werden müssen. Ein Mensch, der einem anderen die Freiheit nimmt, ist Gefangener seines Hasses. Er sitzt hinter den Gitterstäben des Vorurteils und der Engherzigkeit. Ich bin nicht wirklich frei, wenn ich einem anderen Menschen die Freiheit nehme, so wenig wie ich frei bin, wenn mir das Menschsein versagt wird. Unterdrücker und Unterdrückte werden gleichermaßen ihrer Menschlichkeit beraubt.

Aus Long Walk to Freedom, 1994

Sobald Sie sich freigemacht haben von der Furcht vor dem Unterdrücker und seinen Gefängnissen, seiner Polizei, seiner Armee, können sie Ihnen nichts mehr tun. Dann sind Sie schon befreit.

Aus einem Gespräch mit seinem Biografen Richard Stengel am 9. März 1993

UNTERDRÜCKTE GLEICHERMASSEN

Wir hätten uns Rache auf die Fahnen schreiben können und Brutalität mit Brutalität vergelten. Doch wir haben begriffen, dass Unterdrückung den Unterdrücker ebenso entmenschlicht wie den Unterdrückten. Wir haben verstanden, dass es uns zu Wilden machen würde, würden wir der Barbarei der Tyrannen nacheifern. Wir wussten, wir würden unsere Sache beschmutzen und erniedrigen, wenn wir zuließen, dass sich bei uns dieselben Unterdrückungsmechanismen einschlichen, derer sie sich bedient hatten. Wir mussten dafür sorgen, dass unser langer Opfergang unser Herz nicht zu Stein werden ließ.

Aus einer Rede vor dem Parlament der Republik Irland in Dublin am 2. Juli 1990

Denen aber, die ihre Freiheit in der Herrschaft über andere suchten, stand eine schmähliche Niederlage bevor.

Bei der Unterzeichnung der neuen Verfassung im südafrikanischen Sharpeville am 10. Dezember 1996

DER EDLE CHOR

Jeden Tag hörten wir eure Stimmen rufen: »Freiheit für die politischen Gefangenen!« Wir hörten eure Stimmen singen: »Let my people go!« Wann immer wir diesen lebendigen, kräftigen Ruf nach Menschlichkeit hörten, wussten wir, dass wir eines Tages frei sein würden.

Aus einer Rede in der Kathedrale von Uppsala am 13. März 1990

Wir werden nie vergessen, wie Millionen Menschen in aller Welt sich während unserer Haft mit uns solidarisch erklärten und gegen unsere Unterdrückung protestierten.

Live-8-Konzert am Mary Fitzgerald Square in Johannesburg
am 2. Juli 2005

Am Ende vernahmen auch die Reichen und Mächtigen
die Stimme des kleinen Mannes. Auch sie sahen ein,
dass in den Kerkern Pretorias Männer und Frauen
saßen, die erst gar nicht hätten verhaftet werden dürfen.
Und sie schlossen sich dem edlen Chor an: »Freiheit für
die politischen Gefangenen.«

Aus einer Rede in der Kathedrale von Uppsala am 13. März 1990

DER SIEG

Der Sieg in einer großen Sache bemisst sich nicht nur daran, ob man sein letztendliches Ziel erreicht. Es liegt auch ein unendlicher Triumph darin, seine Erwartungen noch zu Lebzeiten erfüllt zu sehen.

ICH GRÜSSE SIE ALLE

Freunde, Kameraden, Südafrikaner, ich grüße Sie alle
im Namen des Friedens, der Demokratie und der Freiheit für alle! Ich stehe hier vor Ihnen nicht als Prophet,
sondern als demütiger Diener des Volkes. Ihr unermüd-
liches, heldenhaftes Streben hat mir ermöglicht, heute
hier zu sein. Daher möchte ich die verbleibenden Jahre
meines Lebens in Ihre Hände legen.

Erste Rede nach der Freilassung in der City Hall von Cape Town
am 11. Februar 1990

Ich bin absolut aus dem Häuschen, weil ich endlich
draußen bin.

Auf der ersten Pressekonferenz nach seiner Freilassung in
Bishopscourt, im Haus von Erzbischof Desmond Tutu in
Cape Town am 12. Februar 1990

IM NAMEN DES FRIEDENS

Ich bin glücklich, wieder zu Hause zu sein. Es ist
eine sehr befriedigende und bereichernde Erfahrung,
wieder ein normales Leben zu führen und das Lachen
der Kinder zu hören, ihnen beim Heranwachsen zu
helfen.

Aus einem Interview 1993

Wenn man einmal im Gefängnis war, sind es vor allem
die kleinen Dinge, die man zu schätzen weiß – das
Gefühl, jederzeit dorthin gehen zu können, wohin man
gerade möchte, eine Straße zu überqueren, in einen
Laden zu gehen und eine Zeitung zu kaufen, zu sprechen oder zu schweigen, nach eigenem Gutdünken –
einfach die volle Kontrolle über das eigene Tun und
Lassen zu haben.

Aus einem Gespräch mit Ahmed Kathrada, etwa 1993/1994

Ich, Nelson Rolihlahla Mandela, schwöre hiermit, mich ganz für das Wohl der Republik Südafrika und all ihrer Völker einzusetzen.

Amtseid als Präsident von Südafrika, Amtseinführung in den Union Buildings in Pretoria am 10. Mai 1994

Dass man mich zum ersten demokratisch gewählten Präsidenten Südafrikas gemacht hat, ist gegen meinen ausdrücklichen Rat geschehen.

Aus dem unveröffentlichten zweiten Band seiner Autobiografie, etwa 1998

GEWÄHLTE PRÄSIDENT

Nun hatte der frühere Terrorist plötzlich die Aufgabe,
Südafrika zu einen und die Grundprinzipien der Freedom Charta umzusetzen, die erklärt, dass Südafrika
seinem Volk gehört, ob nun schwarz oder weiß.

Aus dem unveröffentlichten zweiten Band
seiner Autobiografie, etwa 1998

DIE DEMOKRATISCHEN

Wir waren uns vom ersten Augenblick an bewusst, dass wir in einer Demokratie Rechenschaft ablegen mussten. Unsere Erfahrungen hatten uns sehr sensibel für die Gefahren einer Demokratie gemacht, die nicht transparent ist und deren Vertreter nicht demokratisch zur Verantwortung gezogen werden können.

Regionaler Workshop des International Ombudsman Institutes für Afrika in Pretoria am 26. August 1996

Eines jedoch sollte vollkommen klar sein: In einer Demokratie ist kein Platz für eine Gemeinschaft oder auch nur den Teil einer Gemeinschaft, die ihre Vorstellungen auf Kosten der Grundrechte anderer Bürger durchsetzen möchte.

Aus der Ankündigung des Datums der ersten Wahl durch den MPNP (Multi Party Negotiation Process) in Kempton Park am 17. November 1993

FREIHEITEN

Die Freiheiten, welche die Demokratie mit sich bringt, bleiben bloße Floskeln, wenn sie nicht von realen, spürbaren Verbesserungen im Leben der Millionen Bürger dieses Landes begleitet werden.

Aus dem Dokumentarfilm Viva Madiba:
A Hero for All Seasons, 2010

Die Menschen müssen über ihr Schicksal selbst bestimmen können.

Zuhause in Soweto am 14. Februar 1990

DER KOMPROMISS ALS

Kein Problem ist so gravierend, dass es nicht überwunden werden kann, wenn alle Parteien sich diskussions- und verhandlungswillig zeigen und Gewalt ausschließen.

Aus einer Rede zur Eröffnung der Budgetdebatte vor dem südafrikanischen Parlament in Cape Town am 2. März 1999

In jeder Auseinandersetzung gelangt man irgendwann an den Punkt, an dem keine Seite notgedrungen recht oder unrecht hat und der Kompromiss für alle, die wirklich nach Frieden und Stabilität streben, sich als der einzig gangbare Weg erweist.

Aus einem persönlichen Schreiben vom 16. Januar 2000

Wenn Sie nicht auf einen Kompromiss zusteuern, dann verhandeln Sie nicht wirklich.

Zuhause in Soweto am 14. Februar 1990

EINZIG GANGBARER WEG

Unsere Erfahrung hat uns gelehrt, dass mit einigem guten Willen auch bei den schwierigsten Problemen ein Kompromiss gefunden werden kann.

Botschaft zum jüdischen Neujahrsfest (Rosh Hashanah),
Südafrika, 13. September 1996

Wir sind der Ansicht, dass sich die Menschen überall auf der Welt Frieden und Sicherheit wünschen. Sie wollen ihr eigenes Leben führen, und allein die Tatsache, dass die Konfliktparteien sich zusammensetzen und miteinander reden, ist ein starkes Signal, das vielen Menschen Hoffnung gibt, nicht nur in der fraglichen Region, sondern auf der ganzen Welt.

Nach dem Treffen mit dem Sinn-Fein-Führer Gerry Adams im
Shell House in Johannesburg am 19. Juni 1995

Den Feinden von einst gelang es, einen friedvollen Übergang von der Apartheid zur Demokratie zu finden, weil wir alle bereit waren, im anderen das Gute zu sehen.

Parlamentssitzung zur Feier des zehnjährigen Bestehens der
Demokratie, Cape Town, 10. Mai 2004

Wenn Sie verhandeln, müssen Sie dies im Geiste
der Versöhnung tun, nicht, um dem anderen ein
Ultimatum zu stellen.

Pressekonferenz nach dem Treffen mit Präsident F. W. de Klerk,
bei dem es um Gewaltausbrüche am East Rand ging,
Cape Town, Anfang der Neunzigerjahre

Ich habe festgestellt, dass es bei Streitigkeiten selten
hilfreich ist, wenn man sich dem Gegenüber vom
Standpunkt moralischer Überlegenheit her nähert.

Aus Long Walk to Freedom, 1994

Eine weichere Herangehensweise bringt bessere
Resultate als Aggression, vor allem, wenn Sie sich
Ihrer Sache sicher sind.

Aus einem Gespräch mit seinem Biografen Richard Stengel
am 8. Februar 1993

Die beste Waffe ist es, sich gemeinsam hinzusetzen
und zu reden.

Aus dem Dokumentarfilm Mandela: The Living Legend, 2003

Häufig sind es gerade die entmutigendsten Momente,
in denen man eine Initiative starten kann. In solchen
Augenblicken suchen die Menschen nach einem Weg
aus ihrem Dilemma.

Aus Long Walk to Freedom, 1994

Ich habe mehr als siebzig Jahre gewartet, um zum ersten Mal meine Stimme abgeben zu dürfen.

Aus der Bram-Fischer-Gedächtnis-Vorlesung am Market Theatre in Johannesburg am 9. Juni 1995

Ich hatte das Gefühl, mit mir gingen Oliver Tambo, Chris Hani, Albert Luthuli und Bram Fischer zur Wahlurne. Ich spürte Josiah Gumede, G. M. Naicker, Dr. Abdullah Abdurahman, Lilian Ngoyi, Helen Joseph, Yusuf Dadoo, Moses Kotane, Steve Biko und viele andere an meiner Seite. Mir war, als halte jeder von ihnen meine Hand und mache mit mir das Kreuz, falte mit mir den Stimmzettel und stecke ihn in die Wahlurne.

Aus der Bram-Fischer-Gedächtnis-Vorlesung am Market Theatre in Johannesburg am 9. Juni 1995

Sich herauszuhalten und nicht zur Wahl zu gehen ist eine Vernachlässigung der eigenen demokratischen Pflichten.

ANC-Wahlveranstaltung im FNB-Stadion in Soweto am 4. April 2004

Wenn etwas der Welt gezeigt hat, welches Wunder
in Südafrika geschehen ist, dann waren es die langen
Schlangen friedlicher Menschen, die sich im April 1994
vor den Wahlbüros aufreihten. Damals zeigten Millionen von Südafrikanern aus allen Gemeinden und Bevöl-
kerungsschichten ihre Entschlossenheit: Das Volk sollte
regieren, welche Schwierigkeiten es auch immer geben
mochte, auf dass wir nie wieder die Erfahrung von
Unterdrückung, Ungerechtigkeit und Unmenschlichkeit
machen würden.

Aus einer Rede zur Eröffnung der Budgetdebatte vor dem
südafrikanischen Parlament in Cape Town am 2. März 1999

Ich hoffe, ich kann noch viele Jahre zur Wahl gehen.
Selbst wenn ich tot bin, werde ich pünktlich zur Wahl
aufwachen, aus dem Grab heraussteigen und wählen
gehen.

Nach der Stimmabgabe am 1. März 2006

EIN WAHRER FÜHRER

Ich war politisch ein wenig unbedarft und hatte mit
Leuten zu tun, die sich in der Politik auskannten,
die darüber diskutieren konnten, was in Südafrika und
außerhalb geschah.

*Aus einem Gespräch mit seinem Biografen Richard Stengel über
seine anfängliche Nervosität bei der Teilnahme an politischen
Veranstaltungen in den Vierzigern, 16. März 1993*

Das Unglück ist natürlich, dass viele erfolgreiche Männer in der einen oder anderen Form zur Eitelkeit neigen.
Unweigerlich gelangen sie in ihrem Leben an einen
Punkt, an dem sie es als ihr gutes Recht erachten, sich
egoistisch zu verhalten und in der Öffentlichkeit mit
ihren einzigartigen Errungenschaften zu prahlen.

*Aus einem Brief an Fatima Meer, geschrieben auf
Robben Island am 1. März 1971*

Ein wahrer Führer trachtet in jeder Lage, wie ernst und
heikel sie auch sein mag, danach, dass sein Volk aus
dieser Situation am Ende stärker und einiger hervorgeht.

Aus einem persönlichen Notizbuch, 16. Januar 2000

Wir hatten Führer, die so hochmütig waren, dass sie
die ganze Welt erobern und alle Menschen zu Sklaven
machen wollten. Doch das Volk hat dem einen Riegel
vorgeschoben.

Aus einer Rede vor dem Parlament der Weltreligionen in
Cape Town im Dezember 1999

Erfolg in der Politik heißt, dass Sie Ihr Volk ins
Vertrauen ziehen. Dass Sie ihm genau sagen,
was Sie denken – klar, höflich, ruhig, aber auch
unmissverständlich.

Aus einem Gespräch mit seinem Biografen Richard Stengel
am 29. April 1993

Wer im Zentrum des politischen Kampfes steht, wer
mit praktischen und drängenden Problemen zu kämpfen
hat, hat gewöhnlich wenig Zeit zum Nachdenken
und wenige Vorbilder, daher unterlaufen ihm nicht
wenige Fehler.

Aus einem unveröffentlichten autobiografischen Manuskript,
geschrieben auf Robben Island 1975

Man glaubte von uns, dass wir uns in den schlimmsten
Rassenunruhen einfach gegenseitig zerfleischen würden.
Stattdessen haben wir als Volk den Pfad der Versöhnung
gewählt, des Kompromisses und der friedvollen Einigung.
Statt für Hass und Rache haben wir uns für Versöhnung
und den Aufbau der Nation entschieden.

Rede am Nobel Square in Cape Town am 14. Dezember 2003

Nun ist die Zeit gekommen, unsere Wunden heilen zu
lassen. Der Augenblick, Brücken zu schlagen über die
Abgründe, die uns trennen. Die Zeit des Aufbaus ist da.

Amtseinführung als Präsident der Republik Südafrika in den
Union Buildings in Pretoria am 10. Mai 1994

Schließlich ist Versöhnung ein spiritueller Prozess,
der mehr als nur einen rechtlichen Rahmen erfordert.
Versöhnung muss in den Herzen und Köpfen der
Menschen geschehen.

Bei der Jahrestagung der Methodist Church im südafrikanischen
Mthatha am 18. September 1994

VERSÖHNUNG GEWÄHLT

Versöhnung heißt, dass wir zusammenarbeiten müssen, um das Erbe des Unrechts aus der Vergangenheit zu tilgen.

Am National Reconciliation Day, Südafrika, 16. Dezember 1995

Der Versöhnungsgedanke war keine Kosmetik, die wir erst nach unserem Kampf und letztendlichem Sieg auf die Fahnen geschrieben haben. Er war Teil unseres Kampfes. Versöhnung war eine kämpferische Strategie und gleichzeitig das Endziel unseres Ringens.

Rede vor dem International Women's Forum in Tokio
am 30. Januar 2003

WIR MÜSSEN VERGANGENES

Wir müssen Vergangenes vergeben und gleichzeitig dafür sorgen, dass die Würde der Opfer wieder hergestellt, ihr Leid entsprechend gewürdigt wird.

Bei der Jahrestagung der Methodist Church im südafrikanischen Mthatha am 18. September 1994

Wir erinnern uns unserer schrecklichen Vergangenheit, damit wir lernen, mit ihr umzugehen. Damit wir ohne zu vergessen vergeben können, wo Vergebung nötig ist. Um sicherzustellen, dass uns nie wieder eine so himmelschreiende Unmenschlichkeit entzweien möge. Und um dafür zu sorgen, dass unsere Demokratie nicht von einem finsteren Erbe, das ständig im Dunkeln lauert, bedroht wird.

Debatte über den Bericht der Wahrheits-Versöhnungskommission im Parlament von Cape Town am 25. Februar 1999

VERGEBEN

Ich arbeite heute mit denselben Menschen, die mich
ins Gefängnis gesteckt, meine Frau verfolgt, meine
Kinder von einer Schule in die andere gejagt haben …
und trotzdem sage ich: »Wir müssen die Vergangenheit
vergessen und an die Gegenwart denken.«

Aus einem Gespräch mit seinem Biografen Richard Stengel
vom 9. März 1993

Religion sollte etwas ganz Persönliches und Privates
sein, das nur uns selbst angeht. Dränge anderen Deine
religiösen und privaten Probleme nicht auf.

Aus einem Brief an Makaziwe Mandela, geschrieben auf
Robben Island am 21. Dezember 1978

Religion, vor allem aber der Glaube an ein höheres
Wesen, ist seit jeher ein heikles Thema, das ganze
Nationen und sogar Familien spaltet. Aber es ist besser,
die Beziehung zwischen einem Menschen und seinem
Gott als rein persönliche Angelegenheit zu behandeln,
als eine Frage des Glaubens, nicht der Logik. Niemand
hat das Recht, anderen vorzuschreiben, woran sie
glauben sollten.

Aus einem Brief an Mrs. Deborah Opitz, geschrieben im
Victor-Verster-Gefängnis im südafrikanischen Paarl
am 10. Mai 1989

BESONDERS RELIGIÖS

Die traditionelle Religion Afrikas findet allmählich,
neben anderen Aspekten seiner Kultur, Anerkennung
als Beitrag zur Vielfalt der Welt. Sie gilt nicht mehr
länger als verächtlicher Aberglaube, der durch höhere
Formen des Glaubens überflüssig geworden ist: Heute
ist ihr Beitrag zum spirituellen Welterbe eine weithin
akzeptierte Tatsache.

*Aus einer Vorlesung am Oxford Center of Islamic Studies
am Sheldonian Theatre in Oxford vom 11. Juli 1997*

Ich bin nicht besonders religiös oder spirituell. Man
könnte sagen, ich bin an allen Versuchen interessiert,
den Sinn und das Ziel des Lebens herauszufinden.
Religion ist ein wichtiger Bestandteil dieses Strebens.

*Aus einem Interview mit Charles Villa-Vicencio
in Johannesburg 1993*

Unsere religiösen Institutionen müssen das Gewissen unserer Gesellschaft sein, Wächter der Moral und unbeirrbare Streiter für die Interessen der Schwachen und Unterdrückten. Wir brauchen religiöse Institutionen als Teil einer Zivilgesellschaft, die auf Gerechtigkeit und dem Schutz der Menschenrechte basiert.

Rede am Regina-Mundi-Tag in der Regina-Mundi-Kirche
in Soweto am 30. November 1997

Der moralische Verfall der Gemeinschaft in einigen Teilen der Welt zeigt sich unter anderem darin, dass es Menschen gibt, die den Namen Gottes benutzen, um Dinge zu rechtfertigen, welche die ganze Welt als Verbrechen gegen die Menschlichkeit verurteilt.

Aus dem unveröffentlichten zweiten Band
seiner Autobiografie, etwa 1998

RELIGIÖSE INSTITUTIONEN

Die religiösen Führer unseres Volkes taten ihr Möglichstes, um den Geist des Widerstands aufrechtzuerhalten, als das Volk durch immer ausgedehntere und immer schrecklichere Repressalien zur Unterwerfung gezwungen werden sollte.

Zum 75. Geburtstag von Erzbischof Desmond Tutu,
Johannesburg am 8. Oktober 2006

Ohne die Kirche, ohne religiöse Institutionen wäre ich heute nicht hier.

Aus einer Rede vor dem Parlament der Weltreligionen in
Cape Town im Dezember 1999

UNSERE UNTERSCHIEDE

In jeder Gemeinschaft, Partei oder Denkrichtung gibt es gute Männer und Frauen. Wenn diese zusammenkommen, dann triumphieren die Kräfte des Aufbaus über die der Zerstörung. Dann wird unsere menschliche Gemeinschaft gestärkt.

Auf dem Peace Festival im Centre Jeunes Kamenge in
Bujumbura, Burundi, Dezember 2000

Unsere Unterschiede sind unsere Stärken als Menschen und als Weltgemeinschaft.

Bei der Verleihung des Franklin-D.-Roosevelt-Four-Freedoms-
Award am 8. Juni 2002

SIND UNSERE STÄRKE

Die Menschen wurden, nicht nur in unserem Land, sondern auf der ganzen Welt, zu dem Glauben inspiriert, dass wir durch gemeinsame Anstrengung Unrecht überwinden können, sodass ein besseres Leben für alle möglich wird.

Aus einem Brief an Präsident Barack Obama zu dessen Amtseinführung am 20. Januar 2009

Aus einem Brief an Senator Douglas Lukhele,
geschrieben auf Robben Island am 1. August 1970

WEISHEIT

Der Anker für all meine
Träume ist die kollektive
Weisheit der Menschheit
als Einheit.

Am wichtigsten ist, dass wir uns eines klar machen:
Kein einzelner Mensch kann alles.

Bei einem von Zindzi Mandela organisierten Vatertagsessen im
Hyatt Women of Vision Club in Johannesburg am 1. Juni 2001

In Afrika haben wir etwas, das *ubuntu* heißt.
Es bedeutet, wir erkennen an, dass wir nur
aus dem Grund Menschen sind, weil es andere
Menschen gibt.

Schlusswort zur XIV. Internationalen AIDS-Konferenz
in Barcelona am 12. Juli 2002

IST EIN SUPERSTAR

Keiner von uns ist ein Superstar, keiner kann ohne die
anderen Erfolg haben.

OAU-Gipfel (Organization of African Unity)
in Ouagadougou am 8. Juni 1998

Keine ernstzunehmende politische Organisation wird
je friedlich antworten, wenn ein Aggressionskrieg gegen
sie geführt wird.

Cape Town, genauer Zeitpunkt unbekannt

Friede ist die wirksamste Waffe für mehr Entwicklung,
die ein Volk haben kann.

Aus einer Rede vor dem National Executive Committee von
Chama Cha Mapinduzi (der Regierungspartei von Tansania)
in Dar es Salaam am 17. November 1998

Jeder von uns sollte sich die Frage stellen: Habe ich
alles in meiner Macht Stehende getan, um dauerhaften
Frieden und Wohlstand für meine Stadt und mein
Land zu schaffen?

Zur Verleihung der Ehrenbürgerschaft der Stadt Durban
am 16. April 1999

WIRKSAMSTE WAFFE

Unsere stärkste Waffe, gegen die kein Feind bestehen
kann, ist der Friede.

*Aus einem Gespräch mit Ahmed Kathrada und Mac Maharaj in
Johannesburg am 27. Juli 2006*

Es mag sein, dass die Tage, da unsere Völker Armeen
zu Friedensbewegungen und Schwerter zu Pflugscharen
machen, noch Jahre entfernt sind. Doch es ist ein Quell
echter Hoffnung für uns, dass es heute weltweit operie-
rende Organisationen gibt, Regierungen, Staatsmänner,
Interessengruppen und einzelne Menschen, die sich
ernsthaft und voller Mut für den Weltfrieden einsetzen.

*Aus einem Brief an Nicholas Bethell, geschrieben im
Pollsmoor-Gefängnis in Cape Town am 4. Juni 1986*

Es kann auf der Welt kein wichtigeres Anliegen geben,
als das Streben nach Frieden.

*Beim »Newsmaker of the Decade«-Galadinner im
Johannesburger Presseclub am 31. Oktober 2001*

Ein intelligenter Kopf und ein gutes Herz sind eine
tolle Kombination.

*Aus einem Brief an Fatima Meer, geschrieben auf
Robben Island am 1. Januar 1976*

Was uns von anderen unterscheidet, sind weniger unsere
Begabungen als das, was wir daraus machen.

Aus Long Walk to Freedom, 1994

WOLLEN

Wir sollten aus angenehmen und unangenehmen
Erfahrungen gleichermaßen lernen, wenn wir
wachsen wollen.

Jahresdinner der Fremdsprachenkorrespondenten in
Johannesburg am 21. November 1997

Hat ein Mensch einmal beschlossen, sich selbst zu helfen, kann ihn nichts mehr aufhalten.

Bei einem von Zindzi Mandela organisierten Vatertagsessen im Hyatt Women of Vision Club in Johannesburg am 1. Juni 2002

Alle Schuld auf unsere Vergangenheit zu schieben hilft uns gewöhnlich nicht weiter.

Rolihlahla-Grundschule im südafrikanischen Warrenton am 30. August 1996

Ich denke nie über die Zeit nach, die ich verloren habe. Ich habe mir sozusagen ein Programm gemacht, das ich ausführe. Und damit ist mein Weg vorgezeichnet.

Aus einem Gespräch mit seinem Biografen Richard Stengel am 3. Mai 1993

Was zählt, ist letztlich weniger das, was einem Menschen widerfährt, als die Frage, wie er damit umgeht.

Aus einem Brief an Tim Maharaj, geschrieben auf Robben Island am 1. Februar 1971

EIGENEN SCHICKSALS

Wenn Sie ein Programm haben, an das Sie sich halten
können, wozu es auch immer gut sein mag, dann ist
es schwer, sein Augenmerk auf die negativen Aspekte
des Lebens zu richten.

Bei einem erneuten Besuch auf Robben Island
am 11. Februar 1994

Wir sollten die Schuld für unsere gegenwärtige Situation
nicht woanders suchen oder anderen die Verantwortung
für unsere Entwicklung zuschieben. Wir sind Herr
unseres eigenen Schicksals.

Bankett zur Feier der 100 besten Bücher Afrikas im
20. Jahrhundert in Cape Town, Juli 2002

Eines der schwierigsten Dinge ist, nicht die Gesellschaft
ändern zu wollen – sondern sich selbst.

Aus einem Interview mit John Battersby in Johannesburg,
veröffentlicht im Christian Science Monitor
vom 10. Februar 2000

UNSER GEMEINSAMES LEIDEN

Unser Mitgefühl als Menschen ist es, das uns verbindet.
Nicht auf herablassende oder gönnerhafte Weise,
sondern weil wir Menschen sind, die gelernt haben,
ihr gemeinsames Leid in Hoffnung für die Zukunft
zu verwandeln.

Aus einer Botschaft an den Healing and Reconciliation Service
für die »AIDS-Opfer und zur Heilung unseres Landes«
vom 6. Dezember 2000

Machen Sie es zu Ihrer ureigensten Aufgabe, den
Menschen in Ihrem Umfeld Freude und Hoffnung
zu schenken.

Zur Eröffnung der Zola-Klinik in Soweto am 7. März 2002

IN HOFFNUNG VERWANDELN

Hoffnung ist eine machtvolle Waffe. Keine Macht der
Erde kann Dir diese Waffe rauben.

Aus einem Brief an Winnie Mandela, geschrieben auf
Robben Island am 23. Juni 1969

Im wirklichen Leben haben wir es nicht mit Göttern zu tun, sondern mit gewöhnlichen Menschen, die nicht anders sind als wir selbst: Männer und Frauen voller Widersprüche, die beständig und wankelmütig sind, stark und schwach, mutig und infam zugleich.

Aus einem Brief an Winnie Mandela, geschrieben auf Robben Island am 9. Dezember 1979

Das ständige Spiel von Illusion und Desillusion ist Teil des Lebens und hört niemals auf.

Aus einem unveröffentlichten autobiografischen Manuskript, geschrieben auf Robben Island 1975

WIDERSPRÜCHE

Widersprüche sind ein ganz wesentlicher Bestandteil
des Lebens und hören nie auf, von allen Seiten an uns
zu zerren.

*Aus einem undatierten Brief an Effie Schultz, geschrieben im
Pollsmoor-Gefängnis in Cape Town am 1. April 1987*

DIE GABE DER ERINNERUNG

Bevor ich im Gefängnis landete, wusste ich die Gabe der Erinnerung nicht zu schätzen, diesen endlosen Strom an Information, den unser Kopf enthält.

Aus einem Brief an Hilda Bernstein, geschrieben im Pollsmoor-Gefängnis in Cape Town am 8. Juli 1985

Im Leben jedes Individuums, jeder Familie, Gemeinschaft oder Gesellschaft nimmt die Erinnerung einen
zentralen Platz ein. Sie ist der Stoff, aus dem unsere
Identität gewebt ist.

Aus A Prisoner in the Garden: Opening Nelson Mandela's
Prison Archive, 2005

Die Unterstützung verlässlicher Freunde gibt uns die Stärke, an der Hoffnung festzuhalten und erfolgreich auch die schwersten Schicksalsschläge zu meistern.

Aus einem Brief an Don Mattera, geschrieben im Victor-Verster-Gefängnis im südafrikanischen Paarl am 4. April 1989

Unsere Ethik erlaubt uns nicht, unsere Freunde im Stich zu lassen.

Bei einem Empfang durch US-Präsident Bill Clinton im Weißen Haus in Washington am 22. September 1998

Ich hänge besonders an den Menschen, die mir in der
Zeit der Not als Freunde zur Seite standen.

Aus einem unveröffentlichten autobiografischen Manuskript,
geschrieben auf Robben Island 1975

Katastrophen kommen immer wieder über uns und lassen ihre Opfer entweder vollkommen zerbrochen zurück oder aber gestählt und gereift und besser gerüstet, die nächsten Herausforderungen zu meistern.

Aus einem Brief an Winnie Mandela, geschrieben auf
Robben Island am 23. Juni 1969

Ich bin fest überzeugt, dass nicht einmal eine Serie persönlicher Schicksalsschläge einen entschlossenen Revolutionär stoppen kann. Und schon gar nicht die Miasmen des Unglücks, die solche Tragödien gewöhnlich begleiten.

Aus einem Brief an Winnie Mandela, geschrieben auf
Robben Island am 1. August 1970

WIEDER AUFSTEHEN

Es gibt nur wenige Unglücksfälle auf dieser Welt, die
sich nicht in einen persönlichen Triumph verwandeln
lassen, wenn sie den nötigen eisernen Willen und die
entsprechenden Fähigkeiten besitzen.

*Aus einem Brief an Zindzi Mandela, geschrieben auf
Robben Island am 25. März 1979*

Wenn unsere Erwartungen – unsere innigsten Gebete
und Träume – sich nicht erfüllen, sollten wir daran
denken, dass die größte Ehre im Leben nicht darin
besteht, nie fehlzugehen, sondern nach jedem Fehl-
schlag wieder aufzustehen.

*Bei einem Empfang durch US-Präsident Bill Clinton im
Weißen Haus in Washington am 22. September 1998*

Es wird viele Menschen vielleicht schockieren zu hören,
wie unendlich unwissend ich bin, was ganz normale
Dinge angeht, die jeder für selbstverständlich hält.

Aus persönlichen Notizen, etwa 1996

Ich wollte nicht auf eine Art und Weise präsentiert
werden, die alle dunklen Flecken meines Lebens
außer Acht lässt.

Aus einem Gespräch mit seinem Biografen Richard Stengel
am 16. März 1993

Ich war damals recht eingebildet.

Aus einem Gespräch über das Jahr 1962 mit Ahmed Kathrada,
etwa 1993/1994

Bei manchen Gelegenheiten bin ich, wie andere Führer,
gestrauchelt. Ich kann für mich keinen Platz auf dem
leuchtenden Siegertreppchen des Ruhms beanspruchen.

Aus einem Artikel für die Sunday Times von Südafrika
vom 22. Februar 1996

Schwierigkeiten lassen manche Menschen zerbrechen,
andere wachsen. Keine Axt ist scharf genug, um die
Seele eines Sünders niederzuschmettern, der immer sein
Bestes versucht.

Aus einem Brief an Winnie Mandela, geschrieben auf
Robben Island am 1. Februar 1975

Eines Tages werden aus dem Schoße der Menschheit
vielleicht Heilige hervorgehen, die wirklich aufrecht und
verehrungswürdig sind und sich in allem, was sie tun,
von echter Menschenliebe leiten lassen, sodass sie den
Menschen selbstlos dienen.

Aus einem Brief an Winnie Mandela, geschrieben auf
Robben Island am 19. August 1976

IHRE HEILIGEN

Jemand kann drei Viertel seines Lebens als Schurke
zubringen und wird am Ende doch heiliggesprochen,
weil er das restliche Viertel als Heiliger gelebt hat.

Aus einem Brief an Winnie Mandela, geschrieben auf
Robben Island am 9. Dezember 1979

Vergiss eins nicht: Ein Heiliger ist ein Sünder, der nicht
aufhört, sich zu mühen.

Aus einem Brief an Winnie Mandela, geschrieben auf
Robben Island am 1. Februar 1975

KEINE MACHT DER ERDE

In der Religion geht es um gegenseitige Liebe und
Achtung für uns, unsere Mitmenschen und das Leben
selbst. Es geht um Würde und Gleichheit, denn der
Mensch wurde von Gott nach seinem Bilde geschaffen.

Aus einem Interview mit Charles Villa-Vicencio in
Johannesburg, 1993

Der Glaube an die Möglichkeit zu Veränderung und
Erneuerung ist möglicherweise eine Gemeinsamkeit
von Politik und Religion.

Vortrag am Oxford Centre of Islamic Studies im Sheldonian
Theatre, Oxford, am 11. Juli 1997

Der Weg jener Menschen, die Liebe predigen, nicht
Hass, ist kein leichter. Denn sie tragen häufig eine
Dornenkrone.

*Aus einer Ansprache bei der Global Convention for Peace and
Non-Violence in Neu-Delhi am 31. Januar 2004*

Es gibt keine Macht der Erde, die es mit der Religion
aufnehmen kann. Daher habe ich so viel Achtung
vor ihr.

Aus einem Dokumentarfilm der BBC, 1996

BILDUNG IST DER MOTOR

Bildung ist der Motor persönlicher Entwicklung. Durch Bildung wird aus der Tochter eines Bauern eine Ärztin, aus dem Sohn eines Minenarbeiters deren Leiter, aus dem Kind eines Landarbeiters Präsident einer starken Nation. Was wir aus dem machen, was uns mitgegeben wurde, unterscheidet letztlich erst einen Menschen vom anderen.

Aus Long Walk to Freedom, 1994

Es steht ganz in unserer Macht, eine Welt zu schaffen, in der alle Kinder Zugang zu einer guten Ausbildung haben.

Aus einer aufgenommenen Grußadresse zur Eröffnung des
Nelson-Mandela-Institutes für Bildung und ländliche
Entwicklung, November 2007

Wenn du das ganze Jahr über hart arbeitest und systematisch lernst, wirst du am Ende all die Preise einheimsen, die dein Herz begehrt, und glücklich sein.

Aus einem Brief an Makgatho Mandela, geschrieben auf
Robben Island am 28. Juli 1969

Erziehung ist die wirksamste Waffe, die wir in Händen halten, um die Welt zu verändern.

Aus einer Rede im Planetarium von Johannesburg
am 16. Juli 2003

MEIN LIEBSTER ZEITVERTREIB

Ich las und entdeckte eine Welt, die mir unbekannt war und deren Pforten sich mir nun öffneten. Der Einfluss dieser Stimmen muss vor jenem Hintergrund beurteilt werden.

Aus einem Gespräch mit seinem Biografen Richard Stengel
am 3. Mai 1993

Es ist mir stets eine besondere Freude, mit Kindern über meinen liebsten Zeitvertreib zu plaudern: Lesen.

Bei der Präsentation von Madiba: The Rainbow Man
am 27. November 1997

Es ist traurig, dass heute so wenige Menschen, vor allem junge Menschen, Bücher lesen. Wenn wir keine fantasievollen Wege finden, mit diesem Problem umzugehen, sind künftige Generationen in Gefahr, ihre Geschichte zu verlieren.

Ausstellungseröffnung zu Izipho, Buch und Comicserie über
Nelson Mandela, Nelson Mandela Foundation in
Johannesburg am 14. Juli 2005

Wenn wir solche Werke lesen, schenkt uns das Mut.
Es lässt uns das Leben lebenswert erscheinen.

Aus einem Gespräch mit seinem Biografen Richard Stengel über
das Gedicht »Invictus« von William Ernest Henley,
etwa März 1993

Eine Autobiografie ist nicht nur eine Aufzählung von
Ereignissen und Erlebnissen, die einem bestimmten
Menschen widerfahren sind. Sie ist gleichsam eine
Art Blaupause, nach der andere ihr Leben ausrichten
können.

Aus der unveröffentlichten Fortsetzung
seiner Autobiografie, ca. 1998

Eines der wenigen Dinge, die in mir eine gewisse Sehnsucht nach einer Rückkehr ins Gefängnis erweckten,
war die Tatsache, dass ich nach meiner Freilassung kaum
noch Zeit zum Lesen, Studieren und Nachdenken hatte.

Anlässlich der Konferenz zum »Rückzug vom Rückzug« in der
Nelson-Mandela-Foundation in Johannesburg am 1. Juni 2004

ICH SPRECHE ÜBER KULTUR

Ich spreche hier über Kultur und Kreativität, weil beides
wie die Wahrheit selbst überdauern wird.

*Bei der Enthüllung einer Statue zur Erinnerung an den
20. Todestag von Steve Biko, East London, Südafrika,
1. September 1997*

Ich bin stolz auf das, was ich bin, auf mein Land und
mein Volk, unsere Geschichte und unsere Tradition, auf
unsere Sprache, Musik und Kunst. Ich glaube fest daran,
dass Afrika der Weltkultur viel zu geben hat.

*Aus einem unveröffentlichten autobiografischen Manuskript,
geschrieben auf Robben Island 1975*

Das Recht jedes Bürgers auf eine eigene Sprache, Kultur
und Religion muss gewahrt bleiben.

*Aus einer Ansprache vor dem Europäischen Parlament in
Straßburg am 13. Juni 1990*

Wir werden nur dann ein besseres Leben für alle Menschen und Bürger unseres Kontinents schaffen können, wenn wir die einfachen Regeln der Menschlichkeit, um die es in der Literatur, in guter Literatur, immer geht, ernst nehmen und ihnen sozusagen Vorfahrt einräumen. Dies ist möglich, wenn wir sicherstellen, dass die Literatur und andere Produkte des menschlichen Geistes im Rahmen der Ziele unserer Gesellschaft die ihnen gebührende Wertschätzung erfahren.

Bankett zur Feier der 100 besten Bücher Afrikas im 20. Jahrhundert in Cape Town, Juli 2002

Ich bewundere junge Menschen, die sich für die Angelegenheiten ihrer Gemeinschaft und Nation einsetzen, denn auch ich habe mich dem Kampf angeschlossen, als ich noch in der Schule war. Angesichts solch einer Jugend können wir sicher sein, dass die Ideale, die wir heute feiern, niemals verloren gehen. Junge Menschen können, wenn sie sich zusammenschließen, die Festungen der Unterdrücker schleifen und die Banner der Freiheit hissen.

Zum Jahrestag des Sturms auf die Bastille, Paris, 14. Juli 1996

Das letzte Jahrhundert hat viel Leid und Ungerechtigkeit unter den Völkern der Welt gebracht, doch die jüngere Generation, die heute an unseren Schulen erzogen wird, hat allen Grund, auf eine bessere Zukunft zu hoffen.

Aus einer aufgenommenen Rede zur Kampagne der Bildungsvereinigung Round Square in Südafrika, 4. Oktober 1996

KINDERN LIEGT

In einer Welt, die so häufig das mangelnde Engagement ihrer Jugend zu beklagen hat, möchten wir unsere Arme öffnen für die Millionen junger Leute, die uns mit ihren neuen Ideen und ihrer flammenden Begeisterung zu neuen Taten anspornen.

Zu der Initiative »Building a Global Partnership for Children« am 6. Mai 2000

Der Kampf um die echte und universelle Gleichberechtigung des Menschen liegt noch vor den Kindern und Jugendlichen, vor den künftigen Generationen unseres Planeten.

Zur Gründung des Robert-F.-Wagner-Graduiertenkollegs für die öffentliche Verwaltung, African Public Service Fellowship Fund an der New York University, 7. Mai 2002

Lassen Sie mich das Offenkundige aussprechen: Ich bin kein Teenager mehr. Die Strecke bis zum Schlusspunkt meiner Reise ist kürzer als die, die ich über die Jahre zurückgelegt habe! Jeder von uns muss mit dieser Wahrheit leben, ohne unter der Ungewissheit zu leiden. Dies hat die Natur uns auferlegt.

Aus einem Artikel für die Sunday Times von Südafrika
vom 22. Februar 1996

Einer der Vorteile des Alters ist, dass die Menschen Sie um Ihrer grauen Haare willen respektieren und alle möglichen Nettigkeiten über Sie sagen, auch wenn sie nicht der Wahrheit entsprechen.

Feier zum 80. Geburtstag im Gallagher-Konferenzzentrum in
Midrand, Südafrika, am 19. Juli 1998

HAARE WILLEN

Eine Gesellschaft, die ihre alten Menschen nicht ehrt, leugnet ihre Wurzeln und setzt so ihre Zukunft aufs Spiel. Wir sollten ihnen die Möglichkeit geben, so lange wie möglich selbstständig zu bleiben. Und uns um sie kümmern, wenn sie das nicht mehr können.

Aus einer Grußadresse anlässlich des Internationalen Jahres für ältere Menschen am 17. Dezember 1998

Ich bin nicht krank. Ich bin alt.

Johannesburg am 27. Januar 2011

NICHT! MEINE FRISUR!

Wenn es irgendetwas gibt, womit ich wirklich angeben kann, dann die Tatsache, dass ich größer bin als der Präsident der Vereinigten Staaten von Amerika.

Scherz über US-Präsident Jimmy Carter bei der Eröffnung
der Zola-Klinik in Soweto am 7. März 2002

Es darf nur meine Frisur nicht durcheinanderbringen. Ich habe eine Stunde gebraucht, um sie so hinzukriegen!

(Nelson Mandela steckt sein Mikro verkehrt herum an.)
Aus dem Dokumentarfilm Mandela: The Living Legend, 2003

Da ich so schnell zunehme, habe ich beschlossen, aufs Mittagessen und den nachmittäglichen Imbiss zu verzichten.

Aus einem Brief an Brigadier Keulder, befehlshabender Offizier
im Victor-Verster-Gefängnis, geschrieben in eben jenem
Gefängnis im südafrikanischen Paarl am 9. Oktober 1989

Immer wenn ich das Ding umhabe, kann ich nicht sprechen. Damit ist es schon schwer, einfach nur etwas zu sagen.

> *Zu seinen Assistenten, die ihn für ein offizielles*
> *Abendessen zu einer Fliege überreden wollen.*
> *Aus einem Dokumentarfilm der BBC, 1996*

Sport zu machen, zu schwimmen, zu laufen oder Tennis zu spielen, macht dich klug und stark. Außerdem hält es gesund.

Aus einem Brief an Dumani Mandela, geschrieben im Victor-Verster-Gefängnis in Paarl am 28. Februar 1989

Sport kann helfen, die alten Abgründe zu überwinden und ein Band des gemeinsamen Strebens zu schaffen.

Bankett zum Afrika-Cup, Südafrika, 1. März 1996

Wer wollte bezweifeln, dass Sport dazu beiträgt, Fairness und Gerechtigkeitsgefühl zu fördern. Fairness ist schließlich im Sport zentral!

Rede zur Verleihung des International Fair Play Awards in Pretoria am 25. Juni 1997

VERÄNDERN

Sport kann die Welt verändern. Er kann die Menschen inspirieren und sie einen wie sonst nichts auf der Welt. Und er spricht die Jugend in einer Sprache an, die sie versteht.

Bei der Übernahme der Schirmherrschaft der Laureus World Sport Awards im Sporting Club von Monaco, Monte Carlo, 25. Mai 2000

Es gibt nur eine Sache, die ich im Leben wirklich bedaure: dass ich nicht Boxweltmeister im Schwergewicht geworden bin.

Bei einem Treffen mit US-Präsident Bill Clinton in Washington 1990

VOM DASEIN ALS HELD

Es ist so einfach, alles niederzureißen und zu zerstören.
Wahre Helden aber sind Menschen, die Frieden
schließen und alles wieder aufbauen.

*Grußworte zum 6. Annual Nelson Mandela Award am
Walter-Sisulu-Square in Kliptown, Soweto, 12. Juli 2008*

Über Generationen hinweg, über die Jahrtausende, sind
aus dem Schoß der Menschheit stets aufs Neue hervor-
ragende Menschen hervorgegangen, die von Liebe, Mut
und kühnen Visionen geleitet wurden. Dank dieser
Helden konnten und können wir unsere Menschlichkeit
bewahren, wie schwierig die Herausforderungen auch
sein mögen, vor die die Geschichte uns stellt.

*Bei der internationalen Konferenz Anatomy of Hate: Resolving
Conflict through Dialogue and Democracy in Oslo,
26. August 1990*

Nun, die Menschen mögen es offensichtlich, wenn sie mich als Helden betrachten können. Das hat nichts mit mir zu tun. Ich bin nur der Haken, an dem sie ihre Idealbilder aufhängen.

Aus dem Dokumentarfilm Viva Madiba:
A Hero for All Seasons, 2010

EINE GÜTIGE ADER

Ich würde sogar so weit gehen zu behaupten, dass jedem
Menschen etwas zutiefst Gütiges innewohnt. Das zeigt
schon das soziale Gewissen, das wir alle besitzen. Und
ja, es ist auch etwas abgrundtief Schlechtes in uns, die
wir aus Fleisch und Blut sind, nämlich der uns ständig
antreibende Wunsch, unser individuelles kleines Ich zu
verwöhnen und am Leben zu halten.

Rede vor der südafrikanischen Sektion der World Conference on
Religion for Peace (WCRP) in Durban am 7. August 1994

Alle Religionen und Philosophien, ja das Leben selbst,
lehren uns eine ganz simple Lektion: Das Böse läuft
mitunter aus dem Ruder, doch am Ende gewinnt stets
das Gute.

Aus einem Brief an Fatima Meer, geschrieben auf Robben Island
am 1. Januar 1976

Wir erweisen anderen Menschen Ehre, indem
wir annehmen, dass sie gut sind, dass sie dieselben
menschlichen Qualitäten besitzen, die wir uns
selbst zuschreiben.

Parlamentssitzung zur Feier des 10-jährigen Bestehens der
Demokratie in Südafrika, Cape Town, 10. Mai 2004

In einer durchweg zynischen Welt sind wir für viele
Menschen zur Inspiration geworden. Wir haben gezeigt,
dass das Gute möglich ist, wenn der Mensch bereit ist,
der Güte der anderen zu glauben und zu vertrauen.

Parlamentssitzung zur Feier des 10-jährigen Bestehens der
Demokratie in Südafrika, Cape Town, 10. Mai 2004

Jeder Mensch hat eine gütige Ader, die verborgen sein
kann, aber dann plötzlich unerwartet hervorbricht.

Aus Long Walk to Freedom, 1994

WAS WIR BEWIRKT HABEN

Es liegt an euch, für alles, was lebt, eine bessere Welt
zu schaffen.

Nelson Mandela Foundation, Johannesburg, 30. Juni 2009

Wir haben auf unsere bescheidene Weise versucht,
unser Leben so zu führen, dass es im Leben anderer
etwas bewirkt.

Dankesrede zur Verleihung des Franklin-D.-Roosevelt-
Four-Freedoms-Award am 8. Juni 2002

Was im Leben zählt, ist nicht nur die Tatsache, dass wir gelebt haben. Der entscheidende Punkt ist doch, wie wir mit unserem Leben dazu beigetragen haben, dass das Leben der anderen sich verbessert. Daran bemisst sich die Bedeutung unseres Lebens.

Feier zum 90. Geburtstag von Walter Sisulu, Walter-Sisulu-Hall in Randburg, Johannesburg, 18. Mai 2002

NIEMAND KOMMT MIT HASS

Niemand kommt zur Welt und hasst andere Menschen aufgrund ihrer Hautfarbe, Herkunft oder Religion. Der Mensch muss den Hass erst lernen, und wenn er lernen kann zu hassen, dann kann man ihn auch die Liebe lehren, denn die Liebe ist dem menschlichen Herzen natürlicher als ihr Gegenteil.

Aus Long Walk to Freedom, 1994

Jeder von uns ist Mensch und wird als solcher von der Gesellschaft, in der er lebt, geprägt. Wenn Sie das Gute im Menschen sehen, ermutigen Sie ihn zum Guten.

Aus einem Interview, genauer Zeitpunkt unbekannt

Auf welchen Aspekt wir uns konzentrieren, wenn wir andere verurteilen, hängt ganz vom Charakter des Urteilenden ab. Und wie wir andere beurteilen, so beurteilen wir uns am Ende selbst.

Aus einem Brief an Winnie Mandela, geschrieben auf Robben Island am 9. Dezember 1979

IM HERZEN ZUR WELT

Zuallererst müssen Sie akzeptieren, dass die Menschen auf dem Boden der Gesellschaft wachsen, in der sie leben. Sie sind auch nur Menschen. Sie haben Stärken, sie haben Schwächen. Ihre Aufgabe ist es, mit ihnen als Menschen zu arbeiten und nicht krampfhaft Engel in ihnen zu sehen.

Aus einem Gespräch mit seinem Biografen Richard Stengel
am 29. April 1993

Alle Menschen, selbst die, die nach außen hin besonders kaltblütig wirken, haben einen guten Kern. Wenn Sie ihr Herz zu berühren verstehen, können sie sich wandeln.

Aus Long Walk to Freedom, 1994

Wir denken ja immer, der andere habe Hörner, bevor wir ihn wirklich kennenlernen.

Nach einem Besuch bei Betsie Verwoerd, Gattin des Apartheid-
Premierministers Henrik Verwoerd, Orania, 15. August 1995

UNSER MASTERPLAN

Ein großer Erfolg ist immer dort möglich, wo wir versuchen, jede Einzelheit unseres Lebens und Handelns zu planen und dem Schicksal nur so einzugreifen erlauben, wie es unseren Zielen entspricht.

Aus einem Brief an Thorobetsane Tshukudu (Adelaide Tambo),
geschrieben auf Robben Island am 1. Januar 1977

Einen Masterplan zu entwerfen und ihn umzusetzen sind zwei völlig verschiedene Dinge.

Aus einem Essay mit dem Titel »Whither the Black Consciousness
Movement« (Wohin steuert die Black-Consciousness-Bewegung),
geschrieben auf Robben Island 1978

Zu Neujahr fallen mir immer allerhand gute Vorsätze ein: Im neuen Jahre werde ich dies tun oder jenes. Dann stelle ich meist fest, dass ich mich keine zwei Tage an meine Vorsätze halten kann.

Aus einem Gespräch mit seinem Biografen Richard Stengel
am 3. Mai 1993

Es ist leicht, Versprechungen zu machen, die man am
Ende nicht hält.

Live-8-Konzert am Mary Fitzgerald Square in Johannesburg
am 2. Juli 2005

Ich muss mein Leben nehmen, wie es ist, und damit
zufrieden sein.

Aus dem Dokumentarfilm Mandela: The Living Legend, 2003

Wir haben begriffen, dass unsere Fehler zeigen, was die Menschheit besser unterlassen sollte. So wie unsere Errungenschaften unter Beweis stellen, was die menschliche Begabung tatsächlich erreichen kann.

Erste Rede zur Lage der Nation vor dem südafrikanischen Parlament in Cape Town am 24. Mai 1994

Ich stehe heute hier auch als Vertreter der Millionen Menschen auf der ganzen Welt, der Anti-Apartheid-Bewegung sowie all der Regierungen und Organisationen, die uns unterstützt haben – nicht um gegen Südafrika oder seine Menschen zu kämpfen, sondern um der Opposition gegen ein unmenschliches System willen. Rassentrennung ist ein Verbrechen gegen die Menschlichkeit, das wir so schnell wie möglich beenden wollten.

Bei der Nobelpreisverleihung im norwegischen Oslo am 10. Dezember 1993

LEKTION GELERNT

Wir waren gezwungen, Sanktionen einzuführen, weil
dies, neben dem bewaffneten Kampf, die einzige Alternative war. Sonst hätte es keine Veränderung gegeben.

Zuhause in Soweto, 14. Februar 1990

Aus Hass und Gewalt kann keine Nation entstehen.

Auf einer Versammlung im Kings-Park-Stadion in Durban,
25. Februar 1990

Aus der Erfahrung einer außergewöhnlichen menschlichen Katastrophe, die viel zu lange angedauert hat,
muss eine Gesellschaft entstehen, auf die die ganze
Welt stolz sein wird.

Amtseid als Präsident von Südafrika, Amtseinführung in den
Union Buildings in Pretoria am 10. Mai 1994

Ich bin auf meinem langen Weg an einem Punkt ange-
kommen, an dem es mir, wie allen Menschen, erlaubt
sein möge, mich zurückzuziehen und in meinem Hei-
matdorf Ruhe und Frieden zu genießen.

Aus einer Rede vor der 53. Generalversammlung der Vereinten
Nationen in New York am 21. September 1998

Ich will nicht hundert werden und immer noch versuchen, irgendwelche hochkomplizierten internationalen
Angelegenheiten zu regeln.

Aus einem Abschiedsschreiben an Medienleute und
Meinungsmacher, Pretoria, 10. Mai 1999

Vergessen Sie nicht: Ich suche einen Job.

Scherz bei einem Treffen mit Journalisten über sein neues,
»arbeitsloses« Dasein, Johannesburg, 1. April 2006

MEINEN ABSCHIED

Ich danke Ihnen, dass Sie so nett zu einem alten Mann
sind und ihm erlauben, sich ein wenig Ruhe zu gönnen.
Obwohl Sie ja vielleicht glauben, ich hätte das gar nicht
verdient, nachdem ich ohnehin fast zwei Jahrzehnte auf
einer Insel zugebracht habe.

Anlässlich der Konferenz zum »Rückzug vom Rückzug« in der
Nelson-Mandela-Foundation in Johannesburg am 1. Juni 2004

Die Zeit ist reif, um meinen Abschied zu nehmen und
den Stab weiterzureichen in diesem Rennen, das vor
mehr als fünfundachtzig Jahren begann.

Abschlusssitzung der 50. Nationalen Konferenz des ANC an der
North-West University, Mafikeng Campus, 20. Dezember 1997

Es war mir ein großer Trost, als der noch junge Bill
Clinton plötzlich auch zu den Präsidenten im Ruhe-
stand gehörte, weil er kein Amt mehr innehatte.

Aus einer Aufnahme für die Bill-Clinton-Foundation
vom 1. März 2004

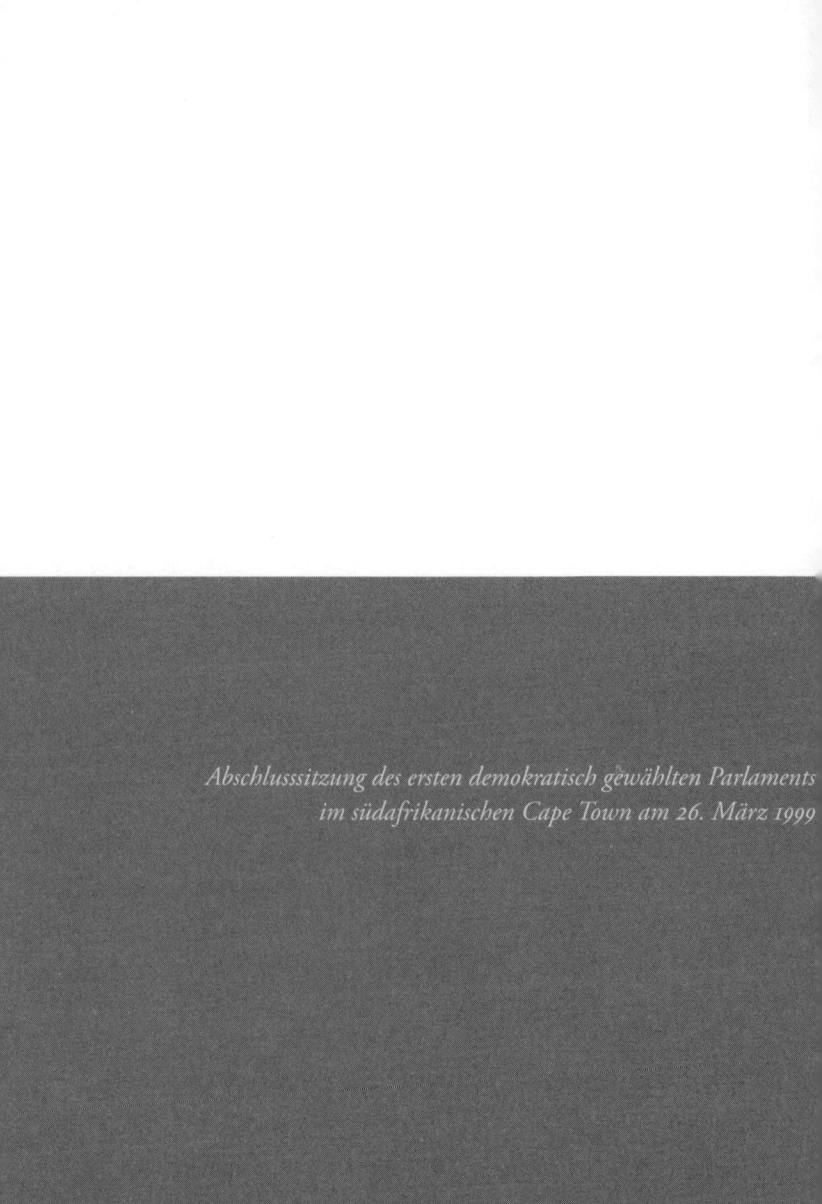

*Abschlusssitzung des ersten demokratisch gewählten Parlaments
im südafrikanischen Cape Town am 26. März 1999*

IE ZUKUNFT

Der lange Weg ist noch nicht
zu Ende.

Das Wissen darum, dass Sie zu Ihrer Zeit Ihre Pflicht getan haben und den Erwartungen Ihrer Mitmenschen gerecht geworden sind, ist an sich schon eine lohnende Erfahrung und eine tolle Leistung.

Aus einem Brief an Sheena Duncan, geschrieben im Pollsmoor-Gefängnis in Cape Town am 1. April 1985

Es gab da nicht einen bestimmten Tag, an dem ich mir sagte, dass ich von nun an alles für die Befreiung meines Volkes tun würde. Irgendwann stellte ich einfach fest, dass es so war und dass ich gar nichts anderes hätte tun können.

Aus Long Walk to Freedom, 1994

Wenn ich noch einmal leben könnte, würde ich alles ganz genauso machen. Solange unser Volk in Unterdrückung lebte und all jener Dinge beraubt war, die einen Menschen glücklich und das Leben angenehm machen, war es meine Pflicht, mich zu engagieren. Ich würde es wieder und wieder so machen.

Aus dem Dokumentarfilm Mandela: The Living Legend, 2003

Jetzt geht es darum, dass jeder von uns sich die Frage stellt: Haben wir wirklich alles getan, um aus diesem Land das Land unserer Träume zu machen?

Interkulturelle Ramadan-Feier, Johannesburg, 30. Januar 1998

DIE ZUKUNFT GEHÖRT

Es ist Sache der Jugend, unsere Gesellschaft ein für alle Mal aus den Fesseln und den falschen – weil uns trennenden – Vorstellungen der Vergangenheit zu lösen.

Bei der Umbettung der sterblichen Überreste des Anti-Apartheid-Kämpfers Anton Lembede, Mbumbulu, 27. Oktober 2002

Von der Jugend von heute würde ich mir eines wünschen: Seid die Regisseure eures eigenen Schicksals, seid eure eigenen Stars.

Geburtstagsfeier für den Nelson Mandela Children's Fund an der French International School in Johannesburg am 9. Juli 2008

Dass unsere jungen Leute so enorme Führungsqualitäten an den Tag legen, zeigt mir, dass es Hoffnung gibt.

Geburtstagsfeier für den Nelson Mandela Children's Fund an der French International School in Johannesburg am 9. Juli 2008

DER JUGEND

Die Zukunft gehört der Jugend. Nicht wenige von uns nähern sich allmählich dem Ende ihrer politischen Karriere, daher muss die Jugend übernehmen. Und sie muss die unverzichtbare Grundbedingung für den Frieden anstreben: Einheit in der Vielfalt zu suchen und tragfähige Wege, dieses Ziel zu erreichen.

Nach Verleihung der Ehrendoktorwürde durch die Universität
von Kwazulu-Natal, Südafrika, 30. Mai 1998

DIE EINZIGE GRUNDLAGE

Ich komme immer mehr zu der Auffassung, dass
soziale Gleichheit die einzige Grundlage menschlichen
Glücks ist.

Aus einem Brief an Senator Douglas Lukhele, geschrieben auf
Robben Island am 1. August 1970

Wir müssen eine bessere Welt schaffen: eine, in der die
Rechte jedes Einzelnen respektiert werden, in der das
Streben nach einem guten Leben nicht vergeblich ist
und in der jedes Individuum sein Potenzial voll verwirk-
lichen kann.

Aus einer Grußadresse auf dem World Social Forum in Mumbai,
Indien, im Januar 2004

Eine Nation sollte nicht danach beurteilt werden, wie
sie ihre hochgestellten Bürger behandelt, sondern wie
sie die Bürger am anderen Ende der Skala behandelt.

Aus Long Walk to Freedom, 1994

MENSCHLICHEN GLÜCKS

Wir müssen dafür sorgen, dass Hautfarbe, Rasse und Geschlecht in aller Augen nichts weiter sind als Gottes Gabe an einen jeden von uns und kein schicksalhaftes Merkmal, das die Stellung eines Menschen in der Welt bestimmen sollte.

Aus einer Rede vor der 49. Generalversammlung der Vereinten Nationen in New York am 2. Oktober 1994

AIDS IST KEINE

Je mehr wir es an Mut fehlen lassen, am Willen zum
Handeln, in desto stärkerem Ausmaß verurteilen wir
unsere Brüder und Schwestern, unsere Kinder und
Kindeskinder zum Tode. Wenn die Geschichte unserer
Zeit geschrieben wird, soll man sich dann unser als
jener Generation erinnern, die der globalen Krise den
Rücken zugekehrt hat? Oder als jener Generation,
die die richtigen Schritte unternahm?

46664*-Konzert im norwegischen Tromsø vom 11. Juni 2005

Wir müssen das Schweigen brechen, der Stigmatisierung
und Diskriminierung ein Ende setzen und dafür sorgen,
dass sich am Kampf gegen AIDS alle beteiligen: Jene,
die von dieser schrecklichen Krankheit betroffen sind,
wollen nicht stigmatisiert werden. Sie brauchen Liebe.

Abschlussansprache auf der XIII. Internationalen
AIDS-Konferenz in Durban am 14. Juli 2000

---

* 46664 ist die Häftlingsnummer von Nelson Mandela auf Robben Island
und der Name einer Anti-AIDS-Kampagne der Nelson-Mandela-Stiftung.

AIDS ist schon längst keine Frage des Krankheitsbildes
mehr, sondern eine Frage der Menschenrechte.

46664-Konzert im Greenpoint-Stadion von Cape Town
am 29. November 2003

Wir sind alle Menschen und die HIV-Epidemie betrifft
uns am Ende alle. Wenn wir Menschen ausgrenzen,
die an AIDS sterben, dann dürfen wir die Bezeichnung
»Mensch« für uns nicht mehr in Anspruch nehmen.

Auf der Abschlussfeier der XIV. Internationalen AIDS-Konferenz
in Barcelona am 12. Juli 2002

Mein Sohn ist an AIDS gestorben.

Pressekonferenz, auf der Nelson Mandela den Tod seines Sohnes
Makgatho verkünden musste, Johannesburg, 6. Januar 2005

SCHLUSS MIT DER ARMUT

Bittere Armut ist erniedrigend. Sie zerstört die Würde der Betroffenen. Am Ende aber erniedrigt sie uns alle. Sie raubt unserer Freiheit den Sinn.

Zur Verleihung des Freedom Award im National Civil Rights Museum in Memphis, USA, am 22. November 2000

Armut und materielle Ungleichheit stehen dauerhaftem Frieden und beständiger Stabilität im Wege.

Abschlusssitzung der 50. Nationalen Konferenz des ANC an der North-West University, Mafikeng Campus, 20. Dezember 1997

Eine sichere Zukunft für die Menschheit hängt nicht zuletzt davon ab, ob wir es schaffen, die ständig weiter auseinanderklaffende Schere zwischen Arm und Reich zu schließen – in jedem einzelnen Land sowie im Vergleich der Länder dieser Welt miteinander.

26. Internationale Konferenz zur Verbesserung der universitären Lehre, Universität von Johannesburg, Juli 2001

Endlich Schluss mit der Armut in der Welt zu machen
sollte unser wichtigstes Ziel sein. Wir müssten uns
wieder einmal ins Bewusstsein rufen, dass wir alle
Menschen sind und dass unsere Verschiedenheit unsere
Stärke ist.

Bankett zur Feier der 100 besten Bücher Afrikas im
20. Jahrhundert in Cape Town, Juli 2002

Wo Armut herrscht, gibt es keine echte Freiheit.

Zum Start der »Make Poverty History«-Kampagne
(Deine Stimme gegen Armut), Trafalgar Square,
London, 3. Februar 2005

IM GEFÄNGNIS DER ARMUT

Für viele Familien sind Jobs die scharfe Demarkations-
linie zwischen einem annehmbaren Leben und einer
Existenz im Elend. Und für den Einzelnen macht Arbeit
den Unterschied zwischen einem gesunden Selbstwert-
gefühl und einem Gefühl äußerster Ohnmacht.

Aus einer Rede zur Eröffnung der Haushaltsdebatte vor dem
südafrikanischen Parlament in Cape Town am 20. Juni 1996

Arm zu sein ist eine schlimme Sache.

Aus einem Gespräch mit Ahmed Kathrada, etwa 1993/1994

Wie Sklaverei und Apartheid ist auch die Armut kein
natürlicher Zustand. Sie ist von Menschen gemacht und
kann durch menschliches Engagement überwunden,
ja vollkommen beseitigt werden.

Zum Start der »Make Poverty History«-Kampagne
(Deine Stimme gegen Armut), Trafalgar Square,
London, 3. Februar 2005

In diesem neuen Jahrhundert bleiben Millionen
Menschen auf der ganzen Welt ausgeschlossen,
gefangen, in Ketten. Sie sitzen im Gefängnis der
Armut. Es ist Zeit, sie daraus zu befreien.

Zum Start der »Make Poverty History«-Kampagne
(Deine Stimme gegen Armut), Trafalgar Square,
London, 3. Februar 2005

Der Kampf gegen die Armut ist keine Frage mitleidigen
Wohlwollens, sondern ein Akt der Gerechtigkeit.
Ihre Überwindung ist ein grundlegendes Recht, das
Menschenrecht auf ein Leben in Würde.

Live-8-Konzert am Mary Fitzgerald Square in
Johannesburg am 2. Juli 2005

DIE ROLLE DER FRAU

Es wird keine Freiheit geben, solange die Frauen nicht von jeglicher Unterdrückung befreit sind.

Erste Rede zur Lage der Nation vor dem südafrikanischen Parlament in Cape Town am 24. Mai 1994

Die Frage der Nation darf nicht mehr länger über die Frage der Frau gestellt werden. Tatsächlich dürfen wir die Frage der Nation nicht als getrennt von der Frage nach Rolle und Stellung der Frau in der Gesellschaft betrachten.

Bei einem Abendessen zur Feier des »Women's Month« im Countryclub von Johannesburg am 25. August 2003

Ich war nie der Auffassung, dass Frauen, in welchen
Belangen auch immer, weniger kompetent sind
als Männer.

Aus einem Brief an die Rechtsanwältin Felicity Kentridge,
geschrieben auf Robben Island am 9. Mai 1976

Wir sollten uns darum bemühen, uns in Organisationen und in unserer persönlichen Arbeit mit Menschen zu umgeben, die stark sind und Widerstand leisten, wenn wir etwas falsch machen.

Zur Eröffnung des ANC / Inkatha Freedom Summit in Durban am 29. Januar 1991

Unsere früheren Erfahrungen haben uns gelehrt, dass ein offener und ehrlicher Austausch von Meinungen und Kritik für jede wirklich demokratische Gesellschaft und Regierung wichtig ist, damit sie auf Kurs bleibt.

Mittagessen mit der Conference of Editors of South Africa, 6. September 1994

Keine Einzelperson, kein Meinungsmacher, keine politische Doktrin, kein religiöser Glaube kann einen Monopolanspruch auf die Wahrheit erheben.

Rede vor der International Federation of Newspaper Publishers, Prag, 26. Mai 1992

GESELLSCHAFT WICHTIG

Eine gebildete, aufgeklärte und informierte Bevölkerung
ist der beste Weg zu einer funktionierenden Demokratie.

Rede am St. John's College Johannesburg, 6. Oktober 2003

In menschlichen Belangen hat niemand, kein Mensch,
keine Organisation, keine soziale Gruppierung je die
einzige absolut korrekte Meinung inne. Vielmehr
müssen wir uns in Gesprächen, Debatten und kritischen
Diskussionen Schritt für Schritt an Positionen heran-
arbeiten, die von allen mitgetragen werden können.

Botschaft an den 8. Nationalen Gewerkschaftskongress
Südafrikas (COSATU) im südafrikanischen Midrand
vom 15. bis 18. September 2003

Wenn unser Leben auf individueller wie auf gemein-
schaftlicher Ebene von aufrichtiger gegenseitiger Für-
sorge geprägt wäre, wäre die Welt dem idealen Ort,
den wir uns erträumen, gleich ein paar Schritte näher.

Grußwort zum 6. Annual Nelson Mandela Award in Kliptown,
Soweto, 12. Juli 2008

Es gibt kein größeres Geschenk, als anderen seine Zeit
und Energie zu widmen, ohne eine Gegenleistung
zu erwarten.

Bei einer Dankesfeier für die Firma FCB Harlow Butler Pty,
welche die AIDS-Programme der Nelson-Mandela-Foundation
großzügig unterstützte, Johannesburg am 27. Februar 2004

FÜREINANDER-DASEINS

Der Mensch betrachtet gewöhnlich seine Intelligenz
als Charakteristikum seiner Art. Sich auf liebevolle
Weise um jene zu kümmern, bei denen diese Gabe
nicht so ausgeprägt ist, ermöglicht uns, unser wahres
Menschsein zu leben und uns erst wahrhaft als Menschen kennenzulernen.

*Grußworte bei einer Fundraising-Veranstaltung für das
Takalani-Heim für geistig behinderte Kinder durch die Sparrow
Schools and Living Link im September 2002*

Unsere Gesellschaft muss erneut eine Kultur des
Füreinander-Daseins aufbauen.

*Bei einem von Zindzi Mandela organisierten Vatertagsessen im
Hyatt Women of Vision Club in Johannesburg am 1. Juni 2001*

Geistige Waffen können eine enorme Kraft entfalten.
Ihre Wirkung wird meist unterschätzt, wenn sie sich
nicht in einer bestimmten Situation zeigt. In gewisser
Weise sorgen sie dafür, dass Gefangene andere Menschen befreien können, Bauern zu Königen werden
und Dreck zu reinem Gold.

Aus einem Brief an Senator Douglas Lukhele, geschrieben auf
Robben Island am 1. August 1970

Menschen, die demütig und von einfacher Natur sind,
die ein absolutes Vertrauen in alle Menschen hegen,
aus welcher Schicht sie auch immer kommen mögen,
werden allgemein hochgeschätzt.

Aus dem unveröffentlichten zweiten Band
seiner Autobiografie, etwa 1998

Schätzen wir unseren Fortschritt als Individuen ein, konzentrieren wir uns gewöhnlich auf äußere Faktoren wie soziale Stellung, Einfluss, Popularität, Wohlstand und Bildungsgrad. Natürlich sind dies wichtige Punkte, wenn es um den materiellen Fortschritt geht. Es ist nur zu verständlich, dass viele Menschen vorzugsweise nach diesen Dingen streben. Doch wenn wir unseren »Erfolg« als Menschen messen wollen, sollten wir unser Augenmerk vielleicht doch mehr auf innere Qualitäten richten. Ehrlichkeit, Aufrichtigkeit, Einfachheit, Demut, Großzügigkeit ohne Hintergedanken, fehlende Eitelkeit, die Bereitschaft, anderen zu dienen – Qualitäten wie diese, die jeder leicht entwickeln kann, sind die Grundlage unseres spirituellen Lebens.

Aus einem Brief an Winnie Mandela, geschrieben auf
Robben Island am 1. Februar 1975

Ihr müsst weiterkämpfen für uneingeschränkte Freiheit
und Demokratie, denn sie sind das Fundament, aus dem
die Menschenrechte erwachsen.

Aus einer Videobotschaft an das National Youth Festival in
Südafrika, Juni 2008

Menschen ihre Menschenrechte zu verweigern heißt,
sie ihrer Menschlichkeit zu berauben. Sie einem Leben
voller Hunger und Armut auszusetzen, heißt, ihnen ihr
Menschsein vorzuenthalten.

Aus einer Rede vor den beiden Häusern des US-Parlaments in
Washington am 26. Juni 1990

Die grundlegenden Menschenrechte jedes einzelnen
Bürgers müssen geschützt und garantiert werden, um
die jedem Individuum innewohnende wahre Freiheit
zu ermöglichen.

Bei einem Business-Leadership-Meeting im World Trade Center,
New York, 21. Juni 1990

MENSCHENRECHTE

Da ich immer noch der ehemalige Gefangene Nr. 46664 bin, bewahre ich all jenen, denen ihre grundlegenden Menschenrechte nicht gewährt werden, einen ganz besonderen Platz in meinem Herzen.

Schlusswort zur XV. Internationalen AIDS-Konferenz in
Bangkok am 16. Juli 2004

Unsere Mission, eine Welt der sinnerfüllten Freiheit, Demokratie und Menschenrechte zu schaffen, ist immer noch nicht erfüllt.

Aus einer Rede zur Eröffnung der Budgetdebatte vor dem
südafrikanischen Parlament in Cape Town am 22. April 1998

KEIN LAND, WIE MÄCHTIG

Kein Land, wie mächtig auch immer, hat das Recht, an den Vereinten Nationen vorbei zu handeln. Die Vereinten Nationen wurden gegründet, damit alle Länder aller Kontinente gemeinsam und auf geordnete Weise handeln können. Die Vereinten Nationen haben es sich zur Aufgabe gemacht, den Frieden in der Welt zu fördern. Jedes Land, das an den Vereinten Nationen vorbei handelt, begeht einen schwerwiegenden Fehler.

Bei einer Pressekonferenz in Jakarta am 30. September 2002

Wenn es ein Land gibt, das in der Welt unbeschreibliche Grausamkeiten begangen hat, dann sind es die Vereinigten Staaten von Amerika.

Auf einer Konferenz vor dem International Women's Forum
in Tokio am 30. Januar 2003

AUCH IMMER

Ich habe Position bezogen, wann immer ich dachte,
dass die amerikanische Führung nicht im Interesse
Amerikas und seiner Verfassung handelte. So habe ich
zum Beispiel Widerspruch eingelegt, als die USA sich
in einer unilateralen Aktion ohne Befragung der Vereinten Nationen gegen den Irak wandten. Dies hat jedoch
meinen Respekt vor der Führungsrolle der Amerikaner
in der Welt und meine Wertschätzung für seine Führer
nicht beeinträchtigt.

Beim Milton S. Eisenhower-Symposium an der Johns Hopkins
Universität in Baltimore am 12. November 2003

Ich glaube, die Vereinigten Staaten sind mittlerweile
trunken von ihrer eigenen Macht.

Aus dem Dokumentarfilm Mandela: The Living Legend, 2003

Diese zahllosen Menschen innerhalb und außerhalb
unseres Landes besaßen den Geistesadel, sich der Tyrannei und der Ungerechtigkeit in den Weg zu stellen,
ohne etwas für sich zu verlangen. Sie erkannten, dass
das Unrecht, das man einem Menschen tut, ein Unrecht
an allen Menschen ist.

Bei der Nobelpreisverleihung im norwegischen Oslo
am 10. Dezember 1993

In unserer modernen globalisierten Welt sind wir alle
Hüter unserer Brüder und Schwestern. Leider haben
wir dieser moralischen Verpflichtung häufig nicht Folge
geleistet.

Rede vor dem britischen Roten Kreuz am Queen-Elizabeth-II-
Konferenzzentrum in London am 10. Juli 2003

MEINER SCHWESTER HÜTER

Wenn ich als alter Mann von neunzig Jahren Ihnen
ungefragt einen Rat erteilen darf, dann wäre es fol-
gender: Ganz egal wie alt Sie sind, sollten Sie Werte
wie menschliche Solidarität und die Sorge um den
Mitmenschen in den Mittelpunkt des Wertekanons
stellen, nach dem Sie Ihr Leben ausrichten.

Grußworte zum 6. Annual Nelson Mandela Award in Kliptown,
Soweto, 12. Juli 2008

Werte wie menschliche Solidarität, die einst unseren
Kampf um eine bessere Gesellschaft befeuerten, schei-
nen immer mehr einem krassen Materialismus und
dem Streben nach sofortiger Befriedigung zu weichen.
Ohne moralisierend oder frömmelnd wirken zu wollen,
ist es doch eine der großen Herausforderungen unserer
Zeit, in den Menschen wieder das Gefühl für menschliche Solidarität zu erwecken. Weil wir eben gerade für
und wegen anderer Menschen auf dieser Welt sind.

Fünfte Steve-Biko-Vorlesung an der Universität von Cape Town
am 10. September 2004

ALLE AUF ERDEN

Ich töte nicht gerne lebende Wesen, nicht einmal,
wenn sie mir Angst einjagen.

Aus Long Walk to Freedom, 1994

Die Flüsse meiner Jugend, die damals Orte der Schönheit und Inspiration waren, sind heute verstopft und ver-
dreckt. Ich habe die Nachkommen der Mütter unseres
Volkes gesehen, wie sie mit bloßen Händen versuchten,
aus dem verschmutzten und gefährlichen Wasser dieser
Rinnsale ein paar saubere Tropfen herauszuholen.

Nach der Verleihung des Planet and Humanity Award von
der International Geographical Union in Durban, Südafrika,
am 4. August 2002

Unsere Zukunft als Menschen wird davon abhängen, ob wir die Weltmeere intelligent und vorsichtig nutzen können. Dies wiederum hängt vom entschlossenen Einsatz jener Männer und Frauen auf der ganzen Welt ab, die sich dafür engagieren.

5. Sitzung der Unabhängigen Kommission für die Weltmeere,
Cape Town am 11. November 1997

Lassen Sie uns gemeinsam dafür einstehen, dass unsere Welt eine nachhaltige Ressource für den Planeten selbst und unsere Zukunft als Menschen bleibt.

Zur Verleihung des Planet and Humanity Award von
der International Geographical Union in Durban
am 4. August 2002

Wir werden uns der Zukunft im neuen Jahrtausend
nicht mit kleinen Schritten nähern, sondern mit großen
Sprüngen. Wir haben die Untergangspropheten eines
Besseren belehrt, wir werden die Dealer des Zynismus
und der Verzweiflung in die Schranken weisen.

Rede zur Lage der Nation vor dem Parlament im
südafrikanischen Cape Town vom 5. Februar 1999

DIE SCHRANKEN WEISEN

Manchmal fällt einer ganzen Generation das Schicksal
der Größe zu. Ihr könnt diese große Generation sein.
Also lasst eure Größe in aller Fülle erblühen.

Zum Start der »Make Poverty History«-Kampagne
(Deine Stimme gegen Armut), Trafalgar Square,
London, 3. Februar 2005

DER EINZIG GANGBARE WEG

Wir müssen Brücken über den Abgrund bauen, mit Toleranz und Mitgefühl andere ins Boot holen, statt sie auszugrenzen. Wir müssen Würde und Stolz aufbauen und freien Selbstausdruck fördern, wenn wir eine Zivilgesellschaft schaffen wollen, in der Einheit und Frieden herrschen.

Eröffnung des Kongresses zur kulturellen Entwicklung im Civic Theatre in Johannesburg am 25. April 1993

Lasst uns Toleranz gegenüber den Ansichten anderer üben und so die Grundbedingung für Frieden schaffen, die allein den Raum zu erzeugen vermag, in dem das Beste in uns zum Vorschein kommt.

Bei der Unterzeichnung der neuen Verfassung im südafrikanischen Sharpeville am 10. Dezember 1996

Wir können eine Gesellschaft errichten, die auf Freund-
schaft gründet und auf unserer allgemeinen Menschlichkeit – eine Gesellschaft, aufgebaut auf den Werten der
Toleranz. Das ist der einzig gangbare Weg. Ein Weg in
eine glorreiche Zukunft in diesem, unserem wunder-
schönen Land. Lasst uns einander an den Händen
nehmen und gemeinsam dieser Zukunft entgegengehen.

Aus der Ankündigung des Datums der ersten Wahl durch den
MPNP (Multi Party Negotiation Process) in Kempton Park
am 17. November 1993

Es ist die Aufgabe jeder neuen Generation, zu führen
und Verantwortung zu übernehmen. Unsere Generation
hat dies zu ihrer Zeit ebenfalls getan, so gut sie es
vermochte.

Aus einer Grußbotschaft anlässlich der Verkündigung des
ANC-Wahlprogramms zum 96. Jahrestag ihres Bestehens
im Absa-Stadion im südafrikanischen East London
am 10. Januar 2009

EINE STRAHLENDE ZUKUNFT

Werden künftige Generationen von uns sagen: »Ja, sie haben tatsächlich den Grundstein für den Sieg über die Armut in der Welt gelegt. Sie haben es geschafft, eine neue Weltordnung zu errichten, die auf gegenseitigem Respekt, auf Gleichheit und partnerschaftlichem Verhalten beruht?«

Aus einer Vorlesung am Oxford Center of Islamic Studies am Sheldonian Theatre in Oxford vom 11. Juli 1997

Können wir mit Sicherheit sagen, dass wir verhindern werden, dass Kontinente, Länder oder Gemeinden je wieder auf rauchende Schlachtfelder reduziert werden, auf denen einander bekämpfende Kräfte ihren Streit um Nation, Religion, Rasse oder Sprache ausfechten? Werden wir uns der historischen Entscheidung stellen, welche die Geschichte jetzt an uns heranträgt: das unglaubliche Wohlstandspotenzial unseres Planeten für all seine Völker fruchtbar zu machen und nicht nur für die mächtigsten?

Aus einer Vorlesung am Oxford Center of Islamic Studies am Sheldonian Theatre in Oxford vom 11. Juli 1997

WINKT UNS

Mögen künftige Generationen nie von uns sagen,
dass Gleichgültigkeit, Zynismus und Selbstsucht uns
daran gehindert haben, das Ideal der Menschlichkeit
zu erreichen, das sich im Nobelpreis ausdrückt. Möge
unser aller Streben Martin Luther King jr. recht geben,
der sagte, dass die Menschheit nun nicht mehr länger
in der sternenlosen Mitternacht von Rassismus und
Krieg gehalten werden kann.

Bei der Nobelpreisverleihung im norwegischen Oslo
am 10. Dezember 1993

Eine strahlende Zukunft winkt uns. Und es liegt einzig
an uns, mit harter Arbeit, Aufrichtigkeit und Integrität
nach den Sternen zu greifen.

Bei den Feiern zum Freedom Day im südafrikanischen Pretoria
am 27. April 1996

Eure Majestät, Eure Königliche Hoheit, sehr verehrte Mitglieder des Nobelpreiskomitees in Norwegen, sehr verehrte Frau Premierministerin Gro Harlem Brundtland, sehr verehrte Minister, Abgeordnete und Gesandte, sehr verehrter Mitgeehrter, Mr. F. W. de Klerk, sehr verehrte Gäste, Freunde, meine Damen und Herren.

Ich möchte dem norwegischen Nobelpreiskomitee meinen herzlichsten Dank dafür aussprechen, dass es uns in den Stand von Friedensnobelpreisträgern erhoben hat.

Auch meinem mitausgezeichneten Landsmann F. W. de Klerk möchte ich zu dieser hohen Ehre gratulieren.

Gemeinsam treten wir so zwei anderen berühmten Südafrikanern zur Seite, dem verstorbenen Albert Luthuli und Seiner Eminenz, Erzbischof Desmond Tutu, deren wegweisender Beitrag zum friedvollen Kampf gegen das verhängnisvolle System der Apartheid ebenfalls mit dem Friedensnobelpreis geehrt wurde.

Es ist wohl keineswegs Hochmut, wenn ich hier – neben anderen berühmten Vorgängern – vor allem den Namen eines anderen Nobelpreisträgers nenne: Martin Luther King jr.

Auch er kämpfte und starb in dem Bemühen, seinen Teil zu einer gerechten Lösung derselben großen Probleme beizutragen, mit denen wir uns in Südafrika auseinandersetzen mussten.

Wir sprechen hier von der Herausforderung, vor die uns Gegensätze wie der zwischen Krieg und Frieden, Gewalt und Gewaltlosigkeit, Rassismus und menschliche Würde, Unterdrückung und Freiheit bzw. Menschenrechte, Armut und Freiheit vom Mangel stellen.

Wir stehen hier heute für die Millionen Südafrikaner, die es gewagt haben, sich gegen ein soziales System zu wenden, in dessen Mittelpunkt Krieg, Gewalt, Rassismus, Unterdrückung und systematische Verelendung eines ganzen Volkes standen.

Doch ich stehe hier auch als Vertreter der vielen Millionen Menschen auf der ganzen Welt, der Anti-Apartheid-Bewegung sowie all der Regierungen und Organisationen, die uns unterstützt haben – nicht um gegen Südafrika oder seine Menschen zu kämpfen, sondern um gegen ein unmenschliches System anzugehen und der Apartheid, diesem Verbrechen gegen die Menschlichkeit, ein schnelles Ende zu bereiten.

Diese zahllosen Menschen innerhalb und außerhalb unseres Landes besaßen den Geistesadel, sich der Tyrannei und der Ungerechtigkeit in den Weg zu stellen, ohne etwas für sich zu fordern. Sie erkannten, dass das Unrecht, das man an einem Menschen tut, ein Unrecht an allen Menschen ist. Und so schlossen sie sich zusammen zur Verteidigung der Gerechtigkeit und des menschlichen Anstands.

Dass sie mit viel Mut an ihrem Vorhaben festhielten, bereitete den Boden dafür, dass wir uns auf ein Fest vorbereiten können, das nicht mehr fern ist. Ein Fest, um einen der größten Siege zu feiern, den die Menschlichkeit in diesem Jahrhundert erringen wird.

Wenn dieser Moment erst gekommen ist, können wir gemeinsam den Triumph über Rassismus, Apartheid und die Herrschaft einer weißen Minderheit feiern.

Dieser Triumph wird die fünfhundertjährige Geschichte der afrikanischen Kolonisierung beenden, die mit der Landnahme durch das Königreich Portugal begann.

Damit aber ist ein großer Schritt nach vorne getan, der die Völker der Welt verpflichtet, den Rassismus zu bekämpfen, wo und in welcher Form auch immer er auftreten mag.

An der Südspitze des afrikanischen Kontinents werden all jene, die im Namen der Menschlichkeit gelitten, die alles für Freiheit, Frieden, Würde und Erfüllung gegeben haben, reichen Lohn erhalten. Ihnen wird ein höchst kostbares Geschenk zuteilwerden.

Der Wert dieses Geschenks lässt sich nicht in Geld ausdrücken. Er ist unvergleichlich höher als alle Bodenschätze und Juwelen, die in den Eingeweiden afrikanischer Erde ruhen, auf der wir in den Fußstapfen unserer Ahnen wandeln.

Das einzig gültige Maß dafür sind das Glück und der Wohlstand unserer Kinder, die sowohl der größte Schatz einer Gemeinschaft als auch ihre verwundbarste Stelle sind.

Endlich können unsere Kinder in der afrikanischen Steppe spielen, ohne vom Hunger oder von Seuchen und Krankheiten dahingerafft zu werden. Endlich werden sie frei sein von Unwissenheit, Missbrauchs- und Gewaltexzessen. Und sie werden keine

Taten mehr verüben müssen, die ihrem zarten Alter nicht angemessen sind.

Vor dieser ehrenwerten Versammlung hier weihen wir das neue Südafrika der unaufhaltsamen Umsetzung der Ziele, die in der Erklärung für die Rechte der Kinder genannt werden.

Daher ist ein weiteres Maß für den Wert des oben erwähnten Geschenks Glück und Wohlstand der Eltern dieser Kinder, die nun auf dieser Erde wandeln können ohne Angst davor, aus materiellen oder politischen Gründen beraubt oder getötet zu werden, ohne Angst davor, angespuckt zu werden, weil sie nur Bettler sind.

Sie werden befreit werden von der schweren Bürde der Verzweiflung, die sie in ihren Herzen tragen, Frucht des Hungers, der Heimat- und Arbeitslosigkeit.

Der Wert dieses kostbaren Geschenks an alle, die gelitten haben, bemisst sich auch am Glück und Wohlstand der Menschen in unserem Land, die die unmenschlichen Wälle der Trennung niedergerissen haben.

All diese Menschen werden einem System den Rücken zukehren, das ein Schlag ins Gesicht jeder menschlichen Würde war, ein System, in dem der eine Herr und der andere Knecht war und jeder Einzelne ein Raubtier, dessen Überleben von der Vernichtung des anderen abhing.

Der Wert unseres Lohnes wird sich bemessen an der Freude und am Frieden, die am Ende siegen werden, denn das menschliche Herz in jedem von uns wird uns sagen, dass Schwarz und Weiß Teil einer Menschenfamilie sind und dass wir alle zusammenleben sollen wie die Kinder im Paradies.

Und das werden wir, denn wir werden eine Gesellschaft schaffen, in der alle Menschen gleich geboren sind, mit dem gleichen Anrecht auf Leben, Freiheit, Wohlstand, Menschenrechte und verantwortliche Regierungsführung.

Solch eine Gesellschaft darf nicht erlauben, dass es Gefangene aus Gewissensgründen gibt, noch dass die Menschenrechte Einzelner verletzt werden.

Es darf nie geschehen, dass der Weg zur friedlichen Veränderung verstellt wird von Usurpatoren, die die Macht des Volkes an sich reißen, um ihre eigenen, unwürdigen Zwecke zu verfolgen.

Vor diesem Hintergrund rufen wir die Regierenden von Birma dazu auf, die Nobelpreisträgerin Aung San Suu Kyi freizulassen und zum Wohl des ganzen birmanischen Volkes mit ihr und den Menschen, die sie vertritt, in einen ernsthaften Dialog einzutreten.

Wir beten darum, dass jene, die die Macht dazu haben, ohne zu zögern zulassen, dass sie ihre Talente und Energien für das Wohl ihrer Landsleute und der ganzen Welt nutzt.

Fern vom Trubel des politischen Alltagsgeschäftes möchte ich hier, vor dem norwegischen Nobelpreiskomitee, auch meinem Mitpreisträger F. W. de Klerk danken.

Er hatte den Mut einzugestehen, dass unserem Land und unserem Volk durch die Einführung der Apartheid ein schreckliches Unrecht geschah.

Er bewies Weitblick, weil er verstand, dass die Völker Südafrikas gleichberechtigt auf dem Verhandlungsweg gemeinsam festlegen müssen, wie sie ihre Zukunft gestalten wollen.

Und doch gibt es immer noch Menschen in unserem Land, die fälschlicherweise glauben, dass sie der Gerechtigkeit und dem Frieden dienen, indem sie alten Schlagwörtern anhängen, die nichts als Unglück über unser Land gebracht haben.

Wir aber sind weiter guter Hoffnung, dass auch sie früher oder später die Einsicht entwickeln, dass das Rad der Geschichte nicht zurückgedreht werden kann. Dass aus dem Wiederaufkochen der infamen Muster der Vergangenheit, wie schick sie auch immer verpackt sein mögen, keine neue Gesellschaft entstehen kann.

Auch möchte ich nicht versäumen, bei dieser Gelegenheit der Demokratiebewegung unseres Landes zu danken, vor allem den Mitgliedern der Patriotic Front. Sie haben unser Volk in die Nähe zum demokratischen Wandel geführt, in der es heute steht.

Ich bin sehr glücklich, dass viele Vertreter dieser Gruppen, vor allem auch jene, die in den Homelands tätig waren, mit uns nach Oslo gekommen sind. Auch ihnen gebührt dieser Ritterschlag, den der Nobelpreis darstellt.

Wir hoffen, dass Südafrika, während es sich neu erfindet, zum mikroskopischen Abbild einer neuen Welt wird.

Dies muss eine Welt sein, die auf Demokratie und der Achtung der Menschenrechte beruht, frei von den Schrecken des Hungers, der Armut, des Mangels, der Unwissenheit. Frei von der Geißel der Angriffs- und Bürgerkriege und den damit verbundenen millionenstarken Flüchtlingswellen.

Die Entwicklung, die sich in Südafrika und im gesamten Süden unseres Kontinents abspielt, macht es nötig, dass wir die Gelegenheit beim Schopf packen und aus dieser Region ein lebendiges Beispiel dafür machen, was jeder Mensch, der sein Gewissen befragt, in der Welt verwirklicht sehen möchte.

Ich glaube nicht, dass dieser Nobelpreis als Auszeichnung für Vergangenes gedacht ist.

Ich habe vielmehr Stimmen gehört, die meinten, er sei ein Appell aller Menschen auf der ganzen Welt, die sich für das Ende der Apartheid eingesetzt haben.

Ich verstehe diesen Appell so: Dass wir das, was von unserem Leben bleibt, nutzen, um aus der einzigartigen und schmerzhaften Erfahrung unseres Landes den praktischen Beweis zu gewinnen, dass Demokratie, Gerechtigkeit, Frieden, Wohlstand für jedermann, eine gesunde Umwelt und Gleichheit und Solidarität unter den Menschen, ohne Anbetracht ihrer Rasse und ihres Geschlechts, dass dies die normalen Lebensbedingungen des Menschen sind.

Dieser Appell rührt uns. Wir fühlen uns inspiriert durch die bedeutsame Rolle, die man uns zugedacht hat. Und wir versprechen zu tun, was wir tun können, um zur Erneuerung der Welt beizutragen, sodass kein Mensch mehr zu den »Verdammten dieser Erde« gehören muss.

Mögen künftige Generationen nie von uns sagen, dass Gleichgültigkeit, Zynismus und Selbstsucht uns daran gehindert haben, das Ideal der Menschlichkeit zu erreichen, das sich im Nobelpreis ausdrückt.

Möge unser aller Streben Martin Luther King jr. recht geben, der einst sagte, dass die Menschheit nun nicht mehr länger in der sternenlosen Nacht von Rassismus und Krieg gehalten werden kann.

Mögen unser aller Anstrengungen belegen, dass er kein wirklichkeitsfremder Träumer war, wenn er von der ungeheuren Schönheit echter Brüderlichkeit und wahren Friedens sprach, die in seinen Augen kostbarer waren als Diamanten oder Silber oder Gold.

Lasst uns ein neues Zeitalter einläuten.

Ich danke Ihnen.

DANKSAGUNG

Das Centre of Memory der Nelson Mandela Foundation möchte Nelson Rolihlahla Mandela für die weisen Worte danken, die er uns im Laufe seines langen und reichen Lebens hinterlassen hat: für die Weisheit, die sie uns vermitteln, den Mut, den sie uns einflößen, und die Wärme, die sie ausstrahlen. Für die ständige Unterstützung von Seiten der Familie Mandela wird gedankt.

Das Centre of Memory der Nelson Mandela Foundation hat sich zu einer Plattform für die Arbeit rund um das Leben und Erbe von Nelson Mandela entwickelt. So konnte sie unter anderem zu einem Buch wie diesem beitragen. Daher sei hier Professor G. J. Gerwel gedankt, dem Vorsitzenden der Stiftung, und dem Stiftungsrat der Nelson Mandela Foundation – Ahmed Kathrada, Chris Liebenberg, Irene Menell, Kgalema Motlanthe, Futhi Mtoba, Professor Njabulo Ndebele, Dr. Mamphela Ramphele und Tokyo Sexwale – sowie dem Vorsitzenden der Nelson Mandela Foundation, Achmat Dangor.

Verne Harris leitet das Centre of Memory. Nur mit seiner Hilfe konnte dieses Buch überhaupt entstehen. Ohne die Begeisterung und Energie von Geoff Blackwell und Ruth Hobday vom Verlag PQ Blackwell hätte diese Sammlung von Aussprüchen Nelson Mandelas nie zusammengetragen werden können.

Auch die Teammitglieder des Centre of Memory haben ihr Teil dazu beigetragen: Lee Davies, Boniswa Nyati, Lucia Raadschelders, Zanele Riba und Razia Saleh. Unsere Kollegen Yase Godlo,

Zelda la Grange, Thoko Mavuso, Vimla Naidoo und Maretha Slabbert waren uns eine wertvolle Hilfe.

Ahmed Kathrada und Richard Stengel haben uns viele Stunden Aufnahmematerial aus Interviews mit Mandela überlassen, die während der Arbeit an seiner Autobiografie *Long Walk to Freedom* und zu Anthony Sampsons Buch *Mandela: The Authorised Biography* entstanden sind Ihnen sei herzlich gedankt. Ebenso wie den South African National Archives.

Unser Dank gebührt auch Rachel Clare, Sarah Anderson, Anant Sigh und Nilesh Singh, Dr. P. R. Anderson, Jennifer Pogrund, Anton Swart, Kerry Harris, Gail Behrmann, John Battersby, Professor Charles Villa-Vicencio und Beata Lipman.

Der Einsatz all jener Menschen, die sich darum bemühen, Madibas Worte und Erbe zu bewahren, wird von uns hochgeschätzt. Unser besonderer Dank bei diesem Projekt geht an Imani Media, Sarah Halfpenny, Richard Atkinson und Brian Widlake.

Erzbischof Desmond Tutu sei herzlich für sein Vorwort zu dieser Ausgabe gedankt. Lynn Franklin und Lara Love haben uns bei der Fertigstellung der hier präsentierten Zitate unschätzbare Dienste erwiesen.

Bücher

Daymon, M. J., Sandwith, Corinne (Hrsg.), *Africa South: Viewpoints 1956–1961*, Scottsville 2011.

Mandela, Nelson, *Conversations with Myself*, London 2010. Deutsch: *Bekenntnisse*, München 2012.

Mandela, Nelson, *Long Walk to Freedom*, London 1994. Deutsch: *Der lange Weg zur Freiheit*, Frankfurt a. M. 2002.

Meer, Fatima, *Higher than Hope*, Johannesburg 1988. Deutsch: *Stimme der Hoffnung*, München 1990.

Nelson Mandela Foundation, *A Prisoner in the Garden: Opening Nelson Mandela's Prison Archive*, Johannesburg 2005.

Nicol, Mike, *Mandela: The Authorised Portrait*, Auckland 2006. Deutsch: *Mandela*, München 2008.

Villa-Vilencio, Charles, *The Spirit of Freedom: South African Leaders on Religion and Politics*, Berkeley 2006.

Filme

Countdown to Freedom: Ten Days that Changed South Africa, von Danny Schecter, USA 1994.

The Last Mile: Mandela, Africa and Democracy, von Jennifer Pogrund, Südafrika 1992.

Legends: Nelson Mandela, von Walter Sucher, Deutschland 2005.

Mandela at 90, von Clifford Bestall, Großbritannien 2008.

Mandela in America, von Danny Schechter, USA 1990.

Mandela: Son of Africa, Father of a Nation, von Joe Menell und Angus Gibson, USA 1996.

Mandela: The Living Legend, von Dominic Allen, Großbritannien 2003.

»Nelson Mandela«, *Headliners and Legends*, USA 2006.

Nelson Mandela Life Story, von Imani Media für die Nelson-Mandela-Foundation, Südafrika 2008.

A South African Love Story: Walter and Albertina, von Toni Strasburg, Südafrika 2004.

Viva Madiba: A Hero for All Seasons, von Catherine Meyburgh und Danny Schecter, Südafrika 2010.

Nelson Mandela: Sein Leben in eigenen Worten, Deutschland 2008.

Webseite
www.nelsonmandela.org